Gibt es auch einen Sprachknast?

Cartoons und unentbehrliche Erläuterungen
zu unentdeckten Sprachbereichen

Norbert Thinnes

Die Deutsche Nationalbibliothek verzeichnet diese Publikation in der Deutschen Nationalbibliothek; detaillierte bibliographische Daten sind im Internet über http://dnb.d-nb.de abrufbar.

© 2020 Norbert Thinnes
Herstellung und Verlag:
BoD – Books on Demand GmbH, Norderstedt
1. Auflage
Layout und Cover: Manuela Wirtz, www.manuwirtz.de
Coverbild und Illustrationen: Norbert Thinnes

Printed in Germany
ISBN 9783752645521

GIBT ES AUCH EINEN SPRACHKNAST?

Cartoons und unentbehrliche Erläuterungen zu unentdeckten Sprachbereichen

NORBERT THINNES

Vorwort

Der Begriff *Utopie* bedeutet ‚Nicht-Ort(e)'.
Die vorliegenden Texte und Cartoons beinhalten eine Utopie: die satirische Wunsch-Vorstellung, dass es für den umfassenden realen Sprachmüll und Sprachschrott, für sprachliche Defizite, Schwächen, Unverschämtheiten, aber auch lobenswerte Bedürfnisse und Leistungen, kurzum, für alles, was mit Sprache zu tun hat, dennoch spezielle Orte gäbe, an denen sprachgerechte Maßnahmen vollzogen werden.
Eingeleitet werden die einzelnen Kapitel mit einem Großcartoon, dem eine Art Glosse zur Thematik folgt. Die folgenden Lexikonteile behandeln in Form von (fiktiven) Stichwörtern und Querverweisen die sprachlich relevanten Details – mit rein zufälligen Bezügen zur Realität...

... und natürlich gibt es für Verbrechen an der Sprache auch einen Sprachknast! Welche Voraussetzungen müssten erfüllt sein, um da mal so richtig einzugreifen...? Und wenn dies schon nicht wirklich möglich ist, bleibt in extremen Fällen wenigstens die sadistisch-lustvolle Fantasie... wobei dann aber doch eher ein humaner Sprachvollzug die Oberhand behalten sollte.

Eigentlich geht es darum in allen Kapiteln.

Bingen, Oktober 2020

Inhalt

Sprachfestung

Unverrückbare Positionen garantieren Unverletzlichkeit

© N. Thinnes

„Ihr braucht uns gar nicht erst zu kommen!"

„Die besten Argumente soll man sich zum Schluss aufheben." Davor: argumentative Dreierschritte, Steigerung, Vergleiche, Metaphern und möglichst viel rhetorische Figuren … oder so ähnlich haben einem die alten Philologen „Überzeugungskunst" beibringen wollen. Mal abgesehen davon, dass ausgerechnet auch Typen wie Goebbels zu rhetorischen „Glanzleistungen" in der Lage waren, hat diese Lehrposition, die auch heute noch in vielen Schul-„Sprachbüchern" und Unterrichtsstunden ihren Platz behauptet, zumindest einen Fehler: Diese Schulmeister-Rhetoriker haben noch keine Talkshow oder eine Polit-Diskussion vor einer Wahl gesehen! Wer da nicht gleich seine härtesten Hammer-Thesen raushaut, kommt mit seinen Dreierschritten nicht mal bis zur Hälfte und kann seine für den Schluss aufgesparten Kostbarkeiten gleich wieder einpacken. In der Regel gehen geplante längere Sequenzen nach mehreren Takten in einem tumultartigen gegenseitigen Anschreien und Übertönen unter. Mal abgesehen davon, dass – ohnehin nicht mögliche – Monologe in Diskussionen auch nicht gerade nach Kommunikationsbereitschaft aussehen… Allenfalls in Festreden kann man rhetorische Feinheiten präsentieren, ohne dass sie untergehen. Aber Festreden dienen sowieso meistens nicht der Überzeugung, sondern eher der gegenseitigen Versicherung und Vergewisserung eines bereits vorhandenen bzw. stillschweigend vereinbarten Konsensgefühls der eingeladenen (weil einverstandenen) Festgemeinde.

Das Problem mit dem Überzeugen-Können ist in den meisten Fällen eher ein Problem des Sich-überzeugen-Lassens. Wie „Kavalleriepferde beim Hornsignal" (Eppler) nehmen die Gegner reflexartig ihre „Kampfpositionen" ein – was immerhin noch einen Rest an Beweglichkeit beinhaltet – sobald sie die ersten Reizwörter vernehmen. Im Extremfall sind diese **Kampfpositionen** unbeweglich hinter schützenden Mauern, eine offene Auseinandersetzung mit Änderungsspielraum findet nicht mehr statt ; sie schützen vor jedem Kontakt mit dem „Feind", besonders vor Argumenten, mit denen man sich auseinandersetzen müsste.

Die eigenen **„Argumente"** dienen schon gar nicht der Überzeugung des Anderen, sondern eher beinhalten sie einen Rest an Selbstrechtfertigung, auf jeden Fall eine Scheinrechtfertigung vor eventuellen neutralen Zuschauern. Obwohl diesen – falls sich überhaupt noch jemand für diese Art von Auseinandersetzung interessiert – nicht verborgen bleibt, wie widersprüchlich das alles klingt: Man hört zwar nicht zu, „weiß" aber, dass die Anderen sowieso lügen; wie bei Kafkas „Nachbar" wirft man jeder Regung der Anderen Boshaftigkeit vor, bereitet aber schon mal selbst die Giftpfeile vor. Das ist das Recht „der Guten", deren „perfider" Gegner sich auch noch herausnimmt, seine Position vertreten zu wollen! – „Was wollt ihr überhaupt noch?! Ihr braucht uns gar nicht erst zu kommen!"

Einzige Steigerung dieser Verbarrikadierung ist das Verkehren in ihr Gegenteil: wenn aus der Beschränktheit des Sich-Einmauerns ein Missionseifer erwächst, der zum Verlassen der Festung und zum Einmarsch in „das Reich des Bösen" führt.

Lexikon

Sprachfestung

Ausreden	vermeintliche „Argumente" des Bösen (= Gegner).
Das Böse	... war „schon immer" böse. Gerade daher bedarf es keiner Begründung, wenn man es ablehnt.
Das Gute	→ *Wir!*
„Die (dort, da)..." usw.	→ *Das Böse*
Festungsanlage	Wichtigster Bestandteil sprachlicher Festungen sind moralische und physische → Immunisierungen gegen das Böse.

Physisch darf das Böse gar nicht erst herangelassen werden, bevor es sich eventuell doch als gut entpuppen könnte. Das wäre die eigentliche Katastrophe. Die Festungsbrücke wird hochgezogen, man ist sich unter seinesgleichen sicher. Ein möglichst breiter Festungsgraben sichert die räumliche Distanz. Hereingelassen wird niemand.

Moralisch wird kein Zweifel daran gelassen, dass man das Gute vertritt: die für alle sichtbare Fahne des Guten ist durch ihre schlichte Klarheit mit Großbuchstaben (oder Geschrei) unangreifbar, nicht nur durch ihre sichere Entfernung vom Gegner. Eventuelle verbale Einwände haben so, zusätzlich zu ihrer schwachen akustischen Wahrnehmbarkeit, auch inhaltlich keine Chance.

Varianten der Sprachfestung bzw. des Festungsgrabens in den modernen Kommunikationsmedien sind **Warteschleifen**, in welchen der Angreifer auf sichere Weise zur entnervten Aufgabe gebracht wird, wenn er es nach großen Mühen immerhin geschafft hat, Erkennungswörter wie „Reklamation" oder gar „Rückerstattung" über den Sicherheitswall hinweg einzugeben.

Eine geradezu harmlose Variante ist dagegen das Auflegen des Telefonhörers im privaten Bereich, sobald unangenehme Argumente die eigene Selbstsicherheit zu zerstören drohen.

Festungsgraben → *Festungsanlage*

Giftpfeile → *Notwehr*

Immunisierung → *Notwehr;* vgl. auch die zirkuläre Beziehung von → *„Wir"* und → *Das Gute!*

Korrektsprech Verpflichtende Sprachform in der Sprachfestung. Strikte Bedingung der Zugehörigkeit. Ein „Verteidigungs"-Angriff mit Korrektsprech-Slogans geschieht mit Kanonen großen Kalibers. Möglichst laute Böller sollen nicht nur die Gegner („die Bösen") beeindrucken, sondern sorgen auch dafür, dass deren moderat vorgetragene Argumente auf keinen Fall zu hören sind.

„Nicht mit uns!" schlechterdings unangreifbare empörte Begründung einer abwehrenden Zurückweisung

Notwehr Eine Festung ist ein defensiver Standpunkt. Nur bei Angegriffen-Werden wird geschossen, d.h., es wirrrd zurrrrück geschossen (man beachte das historische rollende **R**!). Oder wenn man sich angegriffen fühlt. Da man das Gute vertritt, ist automatisch jede unerwünschte Annäherung ein Angriff.

Recht ... ist bei dem, der das Gute vertritt...

Sprach-Waffenschein Wo geballert wird, ist die Notwendigkeit eines Waffenscheins nur hinderlich – oder er wird ohne Auflagen jedem ausgestellt. Voraussetzung ist nur, dass er der Gruppe angehört.
Da Sprache eine sehr gefährliche Waffe sein kann, wäre es nötig, den verantwortungsvollen Umgang, besonders in Konfliktsituationen, an die Bedingung zu knüpfen:

Wer Sprache nicht zielgenau gebrauchen kann, d.h. wer ständig Kollateralschäden (z. B. durch pauschales, beleidigendes, verletzendes Verallgemeinern) bewirkt, erhält keine Zulassung. Als Erweiterung wird gelegentlich ein **Waffenschein für Facebook** vorgeschlagen...

Volles Rohr   Intensität der berechtigten Antwort, wenn „das Böse" in seinen hinterhältigen Kontaktversuchen nicht aufgibt.

Warteschleifen   → *Festungsanlage*

„Wir!"   → *das Gute*

Recht haben wollen

Wozu diskutieren wir überhaupt? Sollte nicht jeder einfach abwechselnd Recht bekommen?

© N. Thinnes

Du doch auch!

Hat man Ihnen etwa noch nie vorgeworfen, dass Sie immer nur Recht haben wollen? – Wie verhalten Sie sich in solchen Fällen? Gehen Sie selbstkritisch in sich und überlegen Sie, wie Sie Ihren Gesprächspartner – oder Gesprächsgegner? – vielleicht kunstvoll beschwichtigen? Etwa so: „Aber nein, mein Liebster/meine Liebste, nun lass uns das doch mal etwas entspannter diskutieren…" oder: „Sieh mal, es geht doch nicht ums Recht-haben-Wollen…" Wirklich nicht? Hat man da nicht schon gelogen?! – Was wäre denn eigentlich dabei, wenn es wirklich ums Recht-Haben ginge?
Wechseln wir für einen Moment das Thema und stellen wir uns vor, eine Fußballmannschaft würde der gegnerischen Mannschaft vorwerfen, dass sie ja immer nur gewinnen wolle. Undenkbar, und die Vermutung liegt nahe, dass es das so vernünftiger Weise noch nie gab. Aber halt, nein, es gab mal (und gibt es noch?) eine Spiele-Kuschelpädagogik

mit dem Prinzip „Spiele ohne Sieger": Auch Federball ertüchtigt den Körper und stärkt das partnerschaftliche Verhalten. Was will man mehr? – Etwa gewinnen?!

Zurück zu dem Beispiel aus dem Privatleben: Was ist eigentlich so schlimm am Recht-haben-Wollen? Oder soll der Gesprächspartner wenigstens ab und zu nicht mal Recht haben dürfen? – Stellen wir uns wieder Ähnliches im Sport vor, z. B., zwei Mannschaften würden verabreden, dass jeder mal ab und zu gewinnen dürfe. – Im Sportrecht nennt man so etwas Ergebnisabsprache bzw. –manipulation und spricht von Skandal. Warum bleibt der Vorwurf, der Andere wolle immer nur Recht haben, auf privater Ebene so sehr in Mode – obwohl er doch eigentlich ebenso unsinnig ist, wie wenn man ihn im Sport äußern würde? Warum sieht es eigentlich niemand als schizophren an, von einem Anderen indirekt zu verlangen, dass er beim Diskutieren doch bitte „Unrecht haben wollen solle"?

Hier entsteht eine neue Unfairness im Gewand einer pseudo-moralischen Gesprächs-kritik, und zwar aus der Position rhetorischer Dürftigkeit: Wer ohne Ansehen der konkreten Argumente seinem Gegenüber pauschal vorwirft, er wolle nur Recht haben, er wolle sich ja immer nur rechtfertigen usw., der, würde ich sagen, der hat noch nie fairen Sport betrieben. Der will deshalb „Spiele ohne Sieger", weil er nie gelernt hat, Siege fair zu genießen und mit Niederlagen fair umzugehen, auch wenn eine „Niederlage" (nur) beim Argumentieren entsteht.

Lexikon

Recht haben

...doch...	DIE klassische subversive Modalpartikel in zunächst harmlosen Gesprächen, dreht aber oft den Ton: „Ich hab es dir doch gesagt..." Der Vorwurf wird noch nicht offen ausgesprochen, guckt aber schon um die Ecke: „...du weißt das genau! ... aber du kapierst es nicht! ... wobei das nur logisch wäre ... aber bei dir kann man das nicht erwarten..." Hingegen bedeutet „Ich habe es dir gesagt." (ohne *doch*) ganz einfach nur: ,Ich habe es dir gesagt.'
doch!	...das offene, nicht versteckte *doch*, häufig verwendet bei rhetorisch anspruchsvollen Kontroversen, was Dialogmuster ergibt wie: „Nein!" – „Doch!" – „Nein!!" – „Doch!!" usw.

doch nur...

Hier wird dem *doch* eine scheinbare Einschränkung hinzugefügt, die aber die Geltung des *doch* verschärft.

Du/Sie willst/wollen doch immer nur...

Jetzt wird es ganz heftig, wenn die drei klassischen Vorwurfspartikeln *doch –immer – nur* als geballte Ladung auftreten: Zusätzlich zu den impliziten Vorwürfen des *doch* kommt zuerst der Vorwurf , dass die betreffende Unfähigkeit IMMER auftritt, d.h., dass der Gesprächspartner gar nichts Anderes kann (auch wenn es zum ersten Mal ist...; das *nur* betont, um welche geringwertigen Aktivitäten es sich handelt. „Immer". Lesen Sie die Eingangsszene (u. a.) des naturalistischen Dramas „Die Familie Selicke" aus dem 19. Jh.

Ich will doch nur...

Diese Redeweise kehrt nicht etwa ein „Du willst doch nur..." um; denn es handelt sich keineswegs um den fiesen Vorwurf gegen sich selbst, den man einem Anderen mit einem „du ... doch ... nur" machen möchte. Während *nur* bei einem Gesprächpartner dessen Minderwertigkeit bzw. plumpes Ansinnen unterstreichen soll, betont *nur* bei dem Sprecher selbst selbst die Harmlosigkeit und damit moralische Integrität der Absichten. Womit sich gleich der Gegenvorwurf ergibt: „...ich doch nur (gut Gemeintes) ... aber du immer nur (Böses, Dummes usw.)...!

Man muss doch...

Gefühlte 50 Prozent aller „Argumente", die aus der Defensive heraus erfolgen, beginnen mit „Man muss doch" ... und gehen jeweils etwa so weiter:
– *sonntags in die Kirche gehen*
– *einen vernünftigen Haarschnitt haben*
– *der Dame den Vortritt lassen*
– *das mal ganz klar sehen ...*
usw.
Die verschärfte Variante beginnt so:
„Du musst doch zugeben, dass..."

immer Recht haben

Wenn das Dialogmuster *„Nein!" – „Doch!" – „Nein!!" – „Doch!!" usw.* nicht mehr weiter hilft, dann bleibt immer (!) noch der klassische rhetorische Punch: „Du willst immer (nur) Recht haben!" Rechnen Sie erst gar nicht nach, wenn Ihr Gesprächspartner naiv behauptet, 24 x 39 sei 936. Viel wirkungsvoller auf ein anwesendes Publikum ist ein Gegenschlag auf moralischer Ebene: „Du willst (doch) immer (!) nur (!) Recht haben!"

Im Stadion

Kann Sprache im Sport höflich sein? Eine ungewöhnliche Vorstellung...

Kommunikative Führungsspieler!

Es hapert bei der Kommunikation auf dem Platz. Das sagen nicht nur Jogi oder Kloppo, Jupp oder Hansi und wie sie alle heißen. Der stumme Fußballarbeiter, der nicht den Mund aufmacht, ist nicht gefragt, jedenfalls wird er keine Mannschaft führen können. Die häufige Handbewegung von Trainern zeigt eindeutig den Trend: mit Daumen und den anderen vier Fingern wird eine Auf-und-zu-Bewegung simuliert, die den Spielern signalisieren soll: „Macht die Klappe auf und zu!" – soll heißen: Redet mehr auf dem Platz miteinander! Mal abgesehen davon, dass das auch nicht gerade gutes Reden ist, sondern Zeichensprache, ist die Forderung eindeutig berechtigt...

Wie oft passiert es, dass der Abwehrspieler an seinem eigenen verdutzten Torwart vorbei den Ball ins eigene Tor schiebt! Oder dass ein genialer Steilpass nicht seinen Adressaten findet, weil der gemeinte Teamkamerad vorher abgestoppt hat. Hätte man vorher einfach mal geredet und präzise seine Absicht geäußert, dann wären solche Missverständnisse nicht passiert. Durch besonnenes Diskutieren hätte man womöglich sogar die optimale Lösung für die Situation herausgefunden, was generell bedeutet: In der Abwehr wäre nicht nur ein Eigentor vermieden worden, sondern Tore überhaupt, und der, nein: jeder Angriff hätte zu einem Tor geführt.

Die Trainer haben Recht: Schluss mit dieser restringierten Einsilben-Kommunikation! Ist das überhaupt noch Kommunikation: „Ey!!" ... „Da!" ... „Nein!!" ... „Mach doch!" ... „Heieiei!!" ... „Mensch!" ... „Der da!" (bzw. „den da!") ... „Aufpass'n!" ... „Raus!" ... „Linie!" ... „Leo!" ...„Hier her!" ... „Geh!" ... „Jjjjaaa!!" ? Man muss kein Sprachexperte sein, um zu bemerken, dass die meisten dieser urlautähnlichen Äußerungen ein Scheitern beschreiben, wenn ein Mitspieler mal wieder nicht „gegangen ist" oder nicht denselben Gedanken hatte.

Aber es wäre zu kurz gegriffen, das Problem nur bei den Spielern zu suchen. Fußball ist bekanntlich ein Spiegel der Gesellschaft, und das heißt ganz naheliegend: Auf den Tribünen geht es ja nicht viel anders zu: „Oleee-ole-ole-oleeee!" ... „Buuuuuuh!" ... Äääääääy!!" ... Schiri, mensch!" (oder gar: „...du Sau!") ... oder beim Eckball: „ooooooooooooooooooOOOOOOOAHH!" Was sind das für Botschaften? Hilft das der Verständigung auf dem Platz? Wie schon erwähnt, behindert das Getöse eher, sodass die Trainer zur Zeichensprache greifen müssen.

Was spricht eigentlich dagegen, dass auch verbal endlich mal echtes Bundesliga-Niveau angestrebt bzw. praktiziert wird? – Warum soll die Aufforderung zum Toreschießen von Seiten der Zuschauer nicht mindestens mal ein höfliches „bitte!" im Sprech-Chor enthalten? – Das würde sicher auch eine gepflegtere Diskussionskultur auf dem Spielfeld nach sich ziehen. Spielkultur ist Diskussionskultur! Der Abwehrchef der Zukunft erörtert mit seinen Verteidigern die beste Strategie, um die Angriffspläne des Gegners zu durchschauen, und dann findet man sicher auch das beste Gegenrezept. „Rasenschach" ist genau das. Schach spielt man ja auch nicht einfach „drauf los". Vielleicht erlauben es die smart-Phones der Zukunft sogar, auf dem Platz Spielzüge zu skizzieren und sie in die Tat umzusetzen.

Bis diese zweifellos sehr anspruchsvollen Gedanken aber von den Köpfen der besten Trainer in die Füße der Spieler gelangt sind, werden wir noch eine ganze Weile lang dieses laute, primitive, proletenhafte Spiel in seiner bisherigen Ur-Form ertragen müssen. (Wie schön!...)

Lexikon

Kommunikative Führungsspieler

Ein Leitfaden für Korrektsprech im Fußballsport

ausdiskutieren	demokratisches Verhalten während der Aktionen eines Spiels, damit z. B. ein Steilpass oder eine Kopfballabwehr möglichst die Zustimmung der Mannschaft findet.
„Da!"	unhöfliche und unklare Kurzform an Stelle klarer Hinweise während des Spiels wie: „Spiel bitte den Ball da hin!" oder „Behalte den gefährlichen Stürmer da im Auge!"
„Du ... – Sau!"	sehr unhöfliche, wenn auch klare Kurzform an Stelle einer höflich am Gegner vorgebrachten Kritik wie: „Ich fand deine unfaire Aktion eben nicht korrekt und muss sie schärfstens tadeln!"
– Sauhund!"	Kompliment! Dieses ließe sich unter niveauvollen Gegnern allerdings auch mit Stil formulieren: „Du hast mich eben mit einem ganz raffinierten Trick überspielt und ich bewundere dich dafür."
„Ey!"	Kurzform während einer gerade ablaufenden Aktion; korrekt ausformuliert: „Dürfte ich dich bitten, deinen Ellenbogen da weg zu nehmen!"
Führungsspieler	Spieler, die durch besondere Leistungen und besondere Kommunikationsfähigkeit einen besonderen Platz in der Mannschaftshierarchie haben

„Geh!", „Geh doch!"	Kurzform während einer gerade ablaufenden Aktion; korrekt ausformuliert: „Lauf bitte in diese Gasse, sodass ich dir den Ball zuspielen kann!" **(nicht zu verwechseln mit dem Höhepunkt eines Ehestreits!)**
Harmonie	→ *ausdiskutieren*
„Hier!"	→ *„Da!"*
kommunizieren	→ *ausdiskutieren*
„Leo!"	traditionelle Aufforderung an einen Spieler der eigenen Mannschaft, höflich ausformuliert: „Überlass mir den Ball, ich kann ihn besser abwehren (bzw. weiterspielen)!" Unhöfliche Variante: „Weg da!"
„Linie!"	„Spiel den Ball bitte die Linie entlang!" Vgl. → *„Da!"*
„Mensch!"	Kritische Äußerung gegenüber einem Mitspieler, meistens begleitet von einem „...du Depp!" oder: „Was machst'n da?!" Wünschenswerter Umgang: „Ich fand deine Aktion gerade eben nicht besonders gut und würde dich bitten, dir etwas mehr Mühe zu geben!"
Sprechchöre	Äußerungen, die möglichst viele Zuschauer möglichst gleichzeitig vollziehen, meistens mit der Folge recht einfacher Strukturen wie „Hi-ha-ho, Bayern ist k. o.!" Von der Fan-Initiative „Korrektsprech" empfohlen wären elaborierte Varianten wie: „Wir sind ausgesprochen erfreut, dass wir die Bayern fair besiegt haben!"
Verständigung	→ *ausdiskutieren u. a.*
„Warte...!"	Meistens hinter dem Rücken des Schiedsrichters geäußerte Drohung an einen Gegenspieler, dem bei der nächsten Aktion eine Blutgrätsche oder Ähnliches droht. Meistens muss der Betroffene nicht lange warten.

Deutschland sucht den unmöglichsten Sprechakt (DSDUS)

„Ignorieren Sie das einfach!"

„Ich bin jemand, der so etwas niiee machen würde!" und: „Ich würde mich niiiee selbst loben!" – Haben Sie das noch nie gesagt?

Es gibt einen wesentlichen Unterschied, der ebenso häufig genutzt wie übersehen wird: Die erste Äußerung ist einfach eine Behauptung, die sich widerlegen lässt oder nicht – meistens hofft der Betreffende darauf, dass er nicht beim Gegenteil erwischt wird und dass Lügen eben doch lange Beine haben. Im zweiten Fall widerlegt sich die Aussage selbst: Wer sagt, er lobe sich nie selbst, tut dies gerade in der Absicht, sich als Vorbild hinzustellen, und widerspricht sich – und zwar, ohne dass er es merkt. Die Unterschiede sind fließend: Wer von sich behauptet, nie zu lügen, der tut dies gerade, falls er schon einmal gelogen hat. Falls nicht, dann stimmt seine Aussage. Aber bei wem trifft das schon zu...

Grob gesagt ist Sprache nicht nur „untätiges Sprechen über etwas", sondern selbst **Sprech-Handlung**, und damit ist nicht nur das Bewegen der Sprechwerkzeuge gemeint. Dass eine Äußerung wie „Sie Blödmann!" den Tat(!)bestand der Beleidigung erfüllt, muss nicht näher erläutert werden. Interessant sind im weiteren Zusammenhang vor allem solche Äußerungen, die durch eine bestimmte Form eine Handlung vollziehen. Die Floskel: „Ich ernenne Sie hiermit zum Beamten auf Lebenszeit" vollführt – vor allem in schriftlicher Form – eine für den Angesprochenen bedeutende Handlung, durch die neue Tatsachen geschaffen werden. Allerdings ist die Wirksamkeit solcher **Sprechakte** an eine Reihe rechtlicher Voraussetzungen gebunden wie z. B. die Berechtigung des Ernennenden, dies auch zu tun.

Wie steht es nun mit der Wirksamkeit ganz ähnlicher Formulierungen: „Ich ernenne mich hiermit zum Beamten auf Lebenszeit! ... zum Gewinner der Wahl! ... zum Staatschef!"? – Ein kleiner Beamter ernennt sich selbst? – Geht nicht. Und der Staatschef, der sich selbst ernennt? All die Diktatoren, die auf Wahlergebnisse und rechtlichen Rahmen schon gar keine Rücksicht nehmen? Auffällig ist in den meisten Fällen, dass die kriminelle Handlung eines Staatsstreichs mindestens mit einer, sei es auch noch so plumpen, Wahlfälschung einhergeht, oder mit einer scheinlegalen „Ermächtigung". Nur ganz dummdreiste Potentaten wie seinerzeit Bokassa setzten sich selbst die Krone auf. In vordemokratischer Zeit waren Selbstkrönungen ein Akt der Emanzipation von kirchlicher Über-„Obrigkeit" – oder eben auch ganz einfach Skrupellosigkeit.

Woher kommen aber dann die Skrupel davor, Selbsternennungen nicht ganz so plump zu inszenieren und wenigstens einen auch noch so haarigen Anschein von Ernennung „durch das Volk" oder wenigstens einen Zeremonienmeister zu wahren? Wohl nicht zuletzt dadurch, dass sich beim Staatschef wie beim kleinen Beamten eine Formulierung wie „Ich ernenne mich hiermit zum..." nach wie vor selbst ad absurdum führt. Hier braucht man nicht die Fakten zu recherchieren; solche Aussagen tragen einen **Widerspruch in sich**. Man macht sich lächerlich.

Eine Fundgrube für zumindest verdächtige Sprechakte sind Wahlkämpfe, obwohl da die Sachlage meist sehr verzwackt ist und die Widersprüchlichkeit nicht schon in der Form der Aussage so offensichtlich ist. „Wir haben die besseren Argumente" ist ein Slogan, der gerade Argumente zu umgehen versucht. Die Aufforderung, sich nicht vom Gegner hinters Licht führen zu lassen, gehört zum Standardrepertoire. In der Werbung wird daraus eine Ich-Botschaft gemacht: „Ich bin doch nicht blöd!" – Aber schon bei Molière war es eine treffsichere Pointe, wenn Lubin, der allergrößte Trottel des Stücks George Dandin, sagt: „Aber so blöd bin ich nicht!" – und jeder Zuschauer miterlebt, wie er im selben Atemzug seinen „geheimen" Auftrag preisgibt.

Ein subtiles Gefühl für die Bedeutung von Sprechhandlungen scheinen sogar schon Kinder zu haben, wenn auch gelegentlich in ganz eigener Weise – wie im Falle eines Spielkameraden im Alter von etwa sechs Jahren. Er war erwischt worden und verwickelte sich in Widersprüche, die Beweise waren erdrückend. Womöglich dachte er, sich auf seine Weise aus der Situation retten zu können; und zwar mit seiner Aussage: „...na gut, ich war,s – ABER ICH GEB'S NICHT ZU!" Trotz des Gelächters aller Erwachsenen bestand für ihn offenbar ein wichtiger Unterschied zwischen dem eher impliziten Eingeständnis und der „offiziellen" Sprechhandlung „Hiermit gebe ich zu, dass...". Interessant bei solchen Sprechakten ist, dass sie je nach Rollenverteilung zwischen absurd und wohl begründet schwanken: Gegenüber einem Vertrauten kann man sehr wohl sagen, dass man zwar zu schnell gefahren ist, es aber gegenüber der Polizei nicht zugibt.

Widersprüchliche Sprechakte reichen von paradox über nicht realisierbar bis scheinheilig. Daher hier der Vorschlag: **Warum nicht mal dazu ein echtes Sprechakt-Casting,** welches dem alltäglichen Show-Unfug nun wirklich eine Krone aufsetzen würde? – Welche Gewinner- bzw. Qualitätskriterien würden gelten, mal abgesehen, dass diese in Casting-Shows ja eigentlich undurchsichtig bleiben sollten? – Begnügen wir uns mit ein paar Beispielen: Einsame Spitze ist nach wie vor Sokrates mit seinem „Ich weiß, dass ich nichts weiß." Ein Widerspruch mit Selbstironie! Leider aber schon abgedroschen und einfach „zu alt". – Also der übliche „Preis für das Lebenswerk" für den Alten... Ähnlich verhält es sich mit dem „Bitte quäle mich!" des Masochisten und dem „Nein!" des Sadisten. Mit dem zusätzlichen Problem der Anonymität bzw. der Anzahl potenzieller Preisträger. – Wenig Chancen dürfte die Antwort „Nein!" eines Schülers haben, der auf die Frage des Lehrers antwortet: „Kannst du mich hören?" Das ist einfach nur unclever. Offensichtliche Lügen? – Verzeihlich. Und nicht originell. Gelegentlich aber erfolgreich...

Also wer gewinnt? – die ganz versteckten tricky speech-acts? – Aber wer aus der Jury sollte die bemerken? Eins ist sicher: Die besten unentdeckten und unmöglichsten Sprechakte sind längst unter uns... und wir merken es nicht. Gelegentlich ist es aber auch die beste Strategie, sich vor allzu komplexen Anmutungen zu schützen: „Diese Äußerung nehme ich einfach nicht zur Kenntnis!"

Lexikon

Sprechakte

DSDUS	**D**eutschland **s**ucht **d**en **u**nmöglichsten **S**prechakt". Castingshow
„Ich weiß, dass ich nichts weiß."	der philosophische Klassiker einer gewollten Paradoxie
„Ich würde mich nie selbst loben!"	der Alltagsklassiker eines ungewollten, peinlichen Widerspruchs. Ursache ist weniger die Absicht, etwas über sich zu sagen, als der Frust darüber, nicht von einem Anderen gelobt worden zu sein, der sich selbst gelobt hat.
NSA	**N**eueste **S**prech – **A**ktivitäten. Vgl. → *Sprechakte, die;* nicht zu verwechseln mit einer berüchtigten US-Agentur für Sprechbeobachtungen...
Sprechakt, der (Sg., masc.)	Sprache vollzieht auch Handlungen...
– dreister ~	„Hiermit ernenne ich mich zum Minister."
– naiver ~	„Ich hab's getan, aber ich geb's nicht zu!"
– paradoxer ~	s.o., „Ich weiß..."
– unmöglicher ~	„Ich habe noch nie gelogen."
Sprechakte, die (Sg., fem.)	Als *die S.* bezeichnet man ein Dossier oder eine Datei, in welcher Informationen über Gespräche einer Person aufgezeichnet sind, und zwar nach dem neuesten Stand. S. auch → *NSA*
Sprechhandlung	→ Sprechakt, der

Spracharbeitsamt

Denkbare Sprachberufe und Bedarf. Besondere Talente. Heimliche und berüchtigte Sprachprofis

© N. Thinnes

Sprachdiplome oder Quereinsteiger?

„Nach so einem Studium!" ... und dann fristen sie ihr Dasein – als Fremdsprachen-Pauker, unzufrieden und resigniert, weil gleichgültige oder faule oder unbegabte Schüler nach dem hundertsten Mal immer noch nicht das <u>S</u> in der dritten Person Singular Präsens im Englischen anhängen. Ganz zu schweigen von den aussichtslosen „accords" im Französischen.

... oder in dem Stressjob als unterbezahlte Gelegenheitsdolmetscher, in dem Schattendasein als Übersetzer, deren Leistung hinter dem Namen berühmter Autoren verschwindet.

...oder als Sprachhüter in der Muttersprache, im Kampf mit dem Deppen-Apostroph, mit der nie gelingenden Unterscheidung von <u>das</u> und <u>dass</u>, mit der indirekten Rede. **Als gäbe es sonst keine Betätigungsfelder! Nehmen wir doch einfach mal an, das Arbeitsamt würde all die Betätigungsfelder für sprachlich Hochqualifizierte wirklich konsequent erfassen. Und entsprechende Tätigkeitsbeschreibungen dazu wie z. B.:**

– **Schönredner:** „...In einem interessanten Tätigkeitsfeld ist es Ihre Aufgabe, die positiven Seiten politischer Maßnahmen mit Engagement und Überzeugungswillen offensiv zu vertreten und der breiten Öffentlichkeit als objektiv erstrebenswert, nützlich und unentbehrlich darzustellen. Rasche Aufstiegsmöglichkeiten bei erfolgreichem Wirken!"

– **Sprachlotsen:** „.... Sie arbeiten mit hochqualifizierten Fachleuten, Sportlern, Politikern u. a. Personen bei der Vorbereitung von Erst- oder Folgeauftritten in der Öffentlichkeit zusammen; besondere Betonung auf TV-Medien. Sie begleiten und betreuen Ihre Klientinnen und Klienten und umgehen mit ihnen sprachliche Engpässe, Minenfelder und alle Arten von Sprachfallen, z. B. für das Sportschau-Interview nach einem begangenen Foul. Einstellungsvoraussetzung: Nebelwerferdiplom (aktiv und passiv!) zum offensiven eigenen Gebrauch von Sprachnebel und zum Schutz Ihrer Klienten vor nebulösen Interviewpraktiken."

– **Satzeinbetter:** „.... Auf der Basis syntaktischer und generativer Kompetenz (sichere Performanz eingeschlossen) betreuen Sie sprachlich unsichere Personen bei entscheidenden nüancierenden Nebensätzen sowie deren grammatisch passender Einbettung und bewahren sie mit delikater Sensibilität vor Peinlichkeiten. Nebeneinkünfte als diskrete Zitateinbetter bei Dissertationen möglich.

– **Sprachversicherer:** „Für unser Sprachversicherungsunternehmen betreuen und beraten Sie spezifische Kundenkreise und schließen passende, individuell zugeschnittene Verträge ab z. B. Sprachhaftpflicht-Versicherung bei Wortbruch, sprachlichen Ausrutschern oder Vorsorgeversicherung gegen sprachliche Verarmung usw. (Police „Sprach-Hartz IV")."

Bei der mündlichen Beratung durch das Spracharbeitsamt dürfen natürlich Hinweise auf nötige Teamfähigkeit und Kontakt-Knüpfungs-Kompetenz (KKK) nicht fehlen; es versteht sich von selbst, dass Schönredner mit Sprachversicherern in Verbindung stehen müssen oder Satzeinbetter mit Sprachschwestern, Sprachhebammen und notfalls auch Sprach-Chirurgen.

Ein weites Feld ist die Unterscheidung zwischen so genannten „echten Lehrberufen" und freieren Berufen mit **Quereinstiegs-Möglichkeit**. Keine Frage, dass z. B. Politiker, Fernsehmoderatoren oder Werbefachleute beste Karten haben, wenn es um einen lukrativen Vertrag als Schönredner geht.

Die Liste solcher Berufsfelder im Aushang des fiktiven Spracharbeitsamtes ist lang. Fiktiv? – Viele der angepriesenen Tätigkeiten sind längst Realität. – Sehen Sie doch selbst im folgenden Lexikon...

Lexikon

Spracharbeitsamt. Berufe

Ablenker

ist auch als In-die-Schuhe-Schieber tätig. Sein Motto: Wenn wir hier schon nicht heil rauskommen, dann wollen wir wenigstens andere mit reinziehen. Tätigkeitsbereich (oft unfreiwillig) vor Untersuchungsausschüssen.

Adjunktor

Klassischer Fall des A. (= ‚Hinzufüger') sind Dupond&Dupont in dem Comic „Tim und Struppi". Den Aussagen eines Gesprächspartners wird häufig ein gewichtiges „Ich würde sogar hinzufügen,…" hinzugefügt. Überflüssig zu sagen, dass es nahezu das Gleiche ist, was schon gesagt wurde. Der A. erfreut sich unterschiedlicher Beliebtheit: Die einen finden ihn überflüssig, andere fühlen sich durch seine qualifizierte Anteilnahme geschmeichelt. Probieren Sie doch selbst das Verfahren aus (und testen Sie Ihre Gesprächspartner), indem Sie alle möglichen Aussagen mit einem passenden „Ich würde sogar hinzufügen,…" kommentieren und entsprechend ergänzen!   s. auch → *Konjunktor*

Ausschmücker:

A. werden schon in der Schule herangezüchtet durch ignorante Aufsatzkommentare wie: „Du hast nicht genügend ausschmückende Adjektive verwendet…", wobei es sich allenfalls um unfunktionalen Ballast handeln soll wie: „der runde Ball", „die grüne Wiese", „die dunkle Nacht" usw. Professionelle Ausschmücker verwenden diese Operation aber durchaus funktional, indem sie z. B. Billigprodukte gekonnt mit Attributen aufwerten: „gemütliche Einzimmerwohnung, ausbaufähig, für Bastler…" usw.

Beuger

Vertreter früherer Sprachpädagogik, welche in unablässigem Beugen von Hauptwörtern den Sinn ihres Tuns sahen. Häufige Folge war ein gebeugtes Selbstbewusstsein betroffener Schülerexistenzen.

Dekontaminierer

Wer von Kontaminierung spricht, ist bereits ein Dekontaminierer, ersetzt er doch die zutreffende Bezeichnungen *Ver-, Entseuchung* durch die harmlosere Bezeichnung. Das Berufsfeld des D. findet sich vor allem im Zwischenbereich von Politik und umweltrelevanten Unternehmen.

Euphemist

Der E. kann nahezu alles positiv darstellen, besonders bei Parteifreunden: Selbst ein peinlicher Auftritt vor einem Untersuchungsausschuss wird von dem E. als gelungene, aber undankbare Überzeugungsarbeit gelobt. Vgl. → *Schlechtredner*. Siehe auch zu Euphemismen im → *Ökosprech* (Kapitel „*Sprachschrottplatz*")

Interpunktor

Im Idealfall, erkennt der I. das falsche Komma in diesem Satz.

Konjunktor

Die Sucht, alles irgendwie in Verbindung zu bringen, weist den K. als harmoniebedürftig aus, was ihn besonders als Sozialarbeiter qualifiziert, allerdings auch als Träger sozialer Klischees: Vater arbeitet, *weil* er der Ernährer der Familie ist.
Dies kann auch nervig sein, da der K. nichts unversucht lässt, auch entlegenste Dinge in eine logische

Beziehung zueinander zu setzen – wie etwa die zwei Sätze: *Es schneit heute am Südpol. Am Nordpol stürmt es heute.* Der K. überprüft, ob sich nicht doch *weil* oder *obwohl* dazwischen einsetzen ließen. Daher (!) sind K. besonders anfällig für Verschwörungstheorien oder sektiererische Welterklärungen. Vgl. auch → *Sprachversteher*

Lautsprecher

...in vielen Lebensbereichen anzutreffen, im Fußball (C. Daum), in der Politik (Westerwelle, Trump ...), Showgeschäft (alle).

Nebelwerfer

Der Nebelwerfer ist eine zumeist unbemerkte, aber in vielen Verwaltungs- und Geschäftsbereichen unverzichtbare Person. Er arbeitet vor allem zusammen mit → Ausschmückern, → Dekontaminierern, → Euphemisten, → Phrasendreschern, → Sinntauchern, → Sprachlotsen, → Sprachversicherern, → Sprachverstehern, → Tautologen u. a. Für ein qualifiziertes **Nebelwerferdiplom** sind Praktika in möglichst vielen dieser Betätigungsfelder unabdingbare Voraussetzung.

Die Hauptaufgabe des N. ist das Verbergen problematischer Inhalte hinter gekonntem Wortschwall und Neologismen. Zu den düsteren Stunden im Beruf des N. gehört es, wenn eines seiner Produkte als „Unwort des Jahres" entlarvt wird.

Zur Strategie des N. gehört vor allem das Erzeugen einer so angenehmen Atmosphäre (→ Sprachnebel, Kapitel „Sprachapotheke"), dass eine Widerspruchsabsicht unweigerlich mit einem schlechten Gewissen einhergeht (man will ja keinesfalls eine harmonische Stimmung kaputt machen). → Sprechviagra Abgesehen von dem beschriebenen semantischen Nebelwerfer gibt es gelegentlich die spezielle Variante des Nuschlers (Brüderle), bei dem der Zuhörer auf Grund phonetisch-akustischer Nebeleffekte von vornherein den Versuch einer Sinnsuche aufgibt.

Phrasendrescher

→ *Sprachprogrammierer*

Pointenvermassler	„Kennen Sie den? ..." – Genau! In dem Moment, als Sie zur Pointe ansetzen und punkten könnten, tritt er wie zufällig auf und fragt nach etwas Belanglosem wie seinem Schlüssel oder Ähnlichem. Wird im Privatleben einfach nicht mehr eingeladen (es sei denn, um typisch „witzige" Gäste madig zu machen), genießt aber in anderen Berufsfeldern (z. B. Talkshowmoderator) selbstgefällig sein Tun.
Satzeinbetter	Der erste Eindruck täuscht: Der S. soll nicht beim Einschlafen helfen, im Gegenteil! Vgl. die Stellenanzeige oben in „Sprachdiplome ohne Sinn?". – Bei längeren Sätzen starke Ähnlichkeit mit dem Plagiator, der auch so manches einfügt. Vgl. auch → *Worteinpasser*
Schlechtredner	Gegenteil des → *Euphemisten*, → *Schönredner*. Daher auch meistens bei gleicher Gelegenheit als Gegenredner zum Euphemisten/Schönredner tätig. Wenn an Samstagen Schlechtredner (meistens Reporter) auf Bundesligatrainer treffen, fragen Letztere: „Welches Spiel haben Sie gesehen?"
Schönredner	→ Euphemist. Wenn an Samstagen Schönredner (meistens Bundesligatrainer) auf Reporter treffen, fragen Letztere hinterher (im direkten Kontakt trauen sie sich nicht): „Welches Spiel hat der gesehen?"
Sinntaucher	Professionelle S. versuchen z. B. als Radiomoderatoren schlichten Liedchen wie „99 Luftballons" einen möglichst tiefen Sinn zu entlocken. Auf keinen Fall dürfen *Sinn-Tieftaucher* und *Tiefsinn-Taucher* verwechselt werden: Während erstere besonders tief tauchen müssen, um überhaupt etwas zu finden (s. das Luftballons-Lied von Nena), tauchen die anderen grundsätzlich nur da, wo sie unter einer Flut undurchdringlichen Wortbreis (z. B. in Essays von Botho Strauß) vermeintlichen Tiefsinn ans Licht heben können, ohne diesen selbst verstehen zu müssen – natürlich zwecks eigener Aufwertung... Als eine besondere Variante gilt der Sprachtaucher mit Prädikat: Mark Twain beschreibt das Bilden

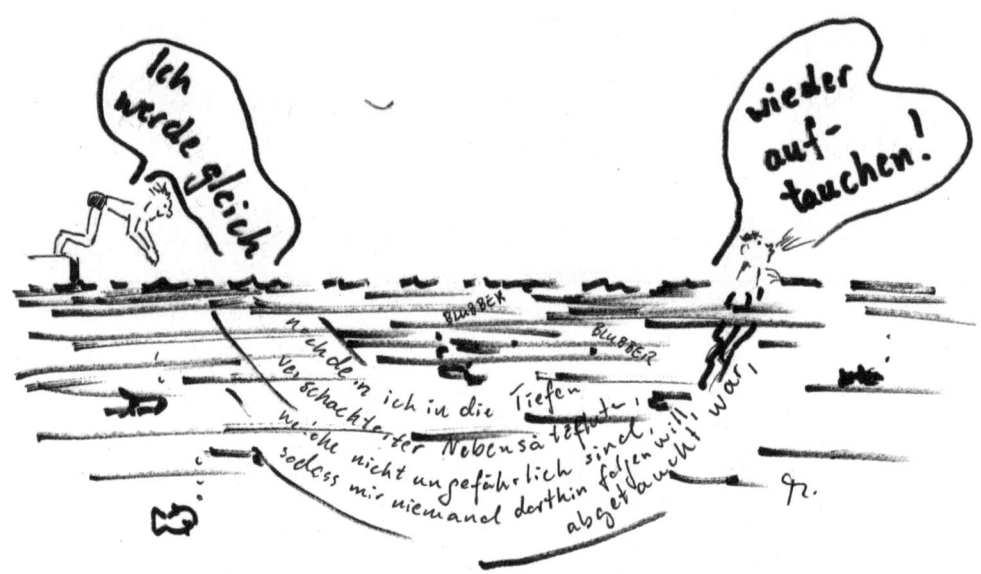

deutscher Sätze als Untertauchen in einem Ozean von Wörtern, und nach langem Tauchgang, beim Auftauchen, kommt mit letzter Kraft endlich nach langer Satzklammer das lang ersehnte Prädikat hervor...

Sprachakrobat

Der S. wird häufig mit dem Sprachjongleur verwechselt, übt jedoch eine weitaus gefährlichere Tätigkeit aus, da er sich bei Fehlern selbst gefährdet. Man erinnere sich nur an einen ehemaligen Bundestagspräsidenten (Philipp J.), der sich mit dem Stilmittel der erlebten Rede in gefährliche Höhen begab und statt Bewunderung einen Absturz erlebte. – Harmloser, verzeihlicher und bisweilen unterhaltsam ist es, wenn Ballakrobaten sich als Sprachakrobaten versuchen und sich nicht „karibisch" genug auf fremdwortsprachliche Untiefen vorbereitet haben.

Sprachchirurg

Der S. hat eine besondere Ausbildung, um Eingriffe in Sprache vornehmen zu können bzw. zu dürfen. Solche Eingriffe sind meistens für die Betroffenen schmerzhaft und nicht immer ungefährlich. Jede Verbesserung schadet dem Ego eines Klienten, misslungene Eingriffe können Laufbahnen beschädigen. Wie alle Chirurgen neigen auch Sprachchirurgen zu unnötigen sprachlichen Eingriffen, um ihre Existenz aufzubessern. Wie Blut bei Operationen fließt die rote Tinte.

Zu warnen ist vor Personen mit S.-Attitüde, die allenfalls einen Kurs in sprachlicher Erster Hilfe absolviert haben und sich in ihrer Selbstüberschätzung

Das blutet ja vor lauter Korrekturen. Da muss einiges herausgeschnitten werden...

CP-Sprachschere

vielfältige unqualifizierte Eingriffe erlauben: häufig als Lokalblatt-Redakteure untergekommen und vor keinem verschlimmbessernden Eingriff in eingereichte korrekte Texte zurückscheuend.
s. auch → *Sprachorthopäde*, → *Sprachmechaniker*

Sprachfallensteller

S. geben sich gelegentlich als → *Sprachlotsen* aus, um sich für ihr hinterhältiges Tun das Vertrauen ihrer Opfer zu erschleichen. Eine besonders berüchtigte Strategie ist der Beckmann-Dackelblick, dazu vertraulicher Tonfall: „Wir sind doch unter uns... wie war das genau in der Besenkammer?..."

Sprachhebamme

Die S. ist nicht nur für schwere Geburten zuständig, sondern eigentlich für alle. Durch die Überschwemmung mit sprachlicher Geburtshelferliteratur ist die Person der S. im Bewusstsein ins Abseits geraten. Zunehmend erforderlich wären sprachliche Nachgeburtshelfer/innen, um frühkindliche Fehlentwicklungen fachgerecht zu therapieren.
Die Geschichte der S. ist nicht ohne dunkle Flecken und schwarze Schafe, besonders bei fremdsprachlichen S. – Wer hat nicht von den klassischen Latein-Paukern (meistens männlich, daher keine geeigneten Hebammen?) gehört, die durch unsensibles Beugetherapie-Verhalten (→ *Beuger*) so manche sprachliche Fehlgeburt oder lebenslange Traumatisierungen auslösten!

Sprachjongleur

→ *Sprachakrobat*

Sprachlotsen

S. lotsen z. B. Sportler, Politiker u. a. Personen durch gefährliches Wasser, durch Minenfelder und alle Arten von Sprachfallen bei Auftritten in der Öffentlichkeit. Besonders gefährlicher Gegner des Sprachlotsen bzw. seiner Klienten sind fixe Sportplatzrand-Reporter, die einen vom Spiel erschöpften Akteur mit doppelten Verneinungen verwirren: „Würden Sie etwa nicht zugeben, dass Sie nicht mit Bayern München in Kontakt stehen?" – Ein guter Sprachlotse hat seinen Klienten auf solche Situationen vorbereitet und ihm dafür passende Antworten eingeschärft wie: „Wir waren klar die bessere Mannschaft. Zuerst fiel das Einsnull, dann das Zweinull. Mit meinem Spiel bin ich sehr zufrieden...“ usw. → Siehe auch → *Sprachfallensteller*

Sprachmechaniker

Ausbildungsberuf nach mittlerem Schulabschluss. Der S. darf z. B. nur die Geräte warten, die der → *Sprachprogrammierer* gebaut hat, da er selbst kein ausgebildetes Tiefenverständnis von Sprache hat. Ein klassisches Missverständnis bei oberflächlich-mechanischer Sprachbetrachtung ist z. B. die Behauptung, das Wort *Tragödie* sei männlich, mit der Begründung, es heiße doch bei Goethes „Faust“: „DER TRAGÖDIE erster Teil“.
Gelegentlich rutschen aber Sprachmechaniker wegen Personalmangels doch in qualifiziertere Positionen (Deutsch-Vertretungslehrer) und erzählen Schülern manchen grammatischen Unfug, wie z. B. die unausrottbare „Regel“: „Im deutschen Satz ist die Reihenfolge der Satzglieder: Subjekt-Prädikat-Objekt.“ Eine „Regel“, die sich in ihren eigenen Satzgliedstellungen selbst widerlegt!

Sprachprogrammierer

Die Tätigkeit des S. basiert auf der Grunderkenntnis, dass schon der durchschaute Bauplan eines einfachen Satzes eine theoretisch unendliche Fülle ähnlicher und korrekter Sätze erzeugen kann. Wenn man in dem Satz „A liebt B“ für A und B jeweils alle möglichen Buchstaben einsetzt, entstehen nach diesem einfachen Muster immerhin schon 24 x 24 Möglichkeiten – ein erster Schritt zum Ausbau von Tucholskys Ratschlägen für einen guten Redner: „Hauptsätze. Hauptsätze. Hauptsätze.“.
Nach diesem Muster entstehen so genannte Phrasendreschmaschinen (s. Kapitel „Tiefe Strukturen“) mit einer Fülle mechanisch erzeugter Äußerungen auf einer recht dürftigen rhetorischen Basis. Genau richtig für den öffentlichen Sprachgebrauch!

Sprachorthopäde

Der S. hat wie der → *Sprachchirurg* eine sprachmedizinische Grundausbildung, bevor er sich mit seinem Spezialgebiet befassen darf. Ein klassischer

Einsatzfall ist der Wortbruch, bei dem Beziehungen gekittet (früher: gegipst) werden müssen. Als rückständig gilt mittlerweile das früher übliche Anlegen von Sprachkorsetten.

Wertvolle Hilfe für den S. bei der Diagnose bieten moderne sprachliche Durchleuchtungsverfahren. Nicht abzusehender Datenmissbrauch hat jedoch in jüngster Zeit die Kritiker auf den Plan gerufen.

s. auch → *Sprachchirurg,* → *Sprachmechaniker*

Sprachpolizist

Vertreter des Sprachbewusstseins, die den gesamten Sprachgebrauch nach „richtig" und „falsch" durchleuchten. Kommentar eines Engländers: „Sometimes, that's really SICK!"

Sprachreste-Verwerter

Wie die Geier dem Aas, lauern S.-V. vergammeltem Sprachabfall nach und machen daraus „Unterhaltsames und Witziges" für Personen, die selbst die müdesten Pointen immer noch nicht kennen. Zu finden in den klassischen Illustrierten beim (Zahn-) Arztbesuch. Versuche, diese Resteverwertung als sprachökologischen Beitrag darzustellen, sind bislang allerdings gescheitert.

Sprachschwester

Unverzichtbare Hilfe in Sprachkrankenhäusern (→ Kapitel *Sprachkrankenhaus*). Muss sich, im Gegensatz zu prestigeträchtigeren Jobs (→ *Sprachorthopäde,* → *Sprachchirurg*), häufig mit fäkalsprachlichen Abfällen befassen.

Sprachversicherer

S. haben die Marktlücke entdeckt, die dadurch entstanden ist, dass die Arbeit von → *Sprachlotsen* u. a. nicht immer erfolgreich ist. Trotz aller Vorkehrungen und Vorsicht sind immer wieder Fälle von sprachlichen Ausrutschern, Entgleisungen, Verletzungen Anderer u. dgl. an der Tagesordnung. Sprachversicherungspolicen bieten den Verursachern Unterstützung an, falls es zu Regressansprüchen kommt. Wie bei anderen Versicherungen ist auch hierbei das Kleingedruckte zu lesen, da z. B. für eigene Schäden nur eine sprachliche Vollkaskoversicherung haftet. Andere Versicherungen schließen eine Haftung bei absichtlichem Fehlverhalten aus. Dies bedeutet für harte Sprachrüpel, dass sie ggf. ohne Versicherungsschutz dastehen. Schwarze Schafe bringen die Branche gelegentlich in Verruf, da sie nur sprachlich versichern, Sprache zu versichern.

Sprachversteher

Der S. versteht es, ähnlich wie der Frauenversteher, besonderes Verstehen vorzutäuschen, ohne dass es vorhanden ist. Bevorzugte Gesten sind Kopfnicken, Anteil nehmender Augenaufschlag, einnehmende Hand- und Armbewegungen. Begehrt ist der S. als Gesprächspartner von Chefs, aber auch als Moderator zwischen erbitterten Gegnern. Nicht immer wirkt es überzeugend, wenn er beiden Parteien gleichermaßen überzeugt zustimmt. Vgl. auch → *Konjunktor*

Sprachverwalter

Der S. sammelt und verwaltet. Von Grund auf ordnungsliebend erkennt er nur sprachliche Erzeugnisse an, die ihm beim Verwalten a) schon einmal begegnet sind und b) Eingang in seine Verzeichnisse gefunden haben. Nahezu alle Wörter des vorliegenden Lexikons erkennt ein S. somit nicht an.

Strecker

Der S. entstammt der sprachorthopädischen Abteilung des Prokrustes und arbeitet eher im Verborgenen: dürftige Spracherzeugnisse werden mit zumeist brachialer Gewalt in die Länge gestreckt. Im Gegensatz zu dem klassischen Vertreter arbeitet der Strecker auf Wunsch – z. B., indem gegen Honorar ein dürftiger Gedanke auf Vortragslänge gedehnt wird. Gelegentlich auch auf Dissertationslänge.

Tautologe

Der T. ist eng verwandt mit dem → *Adjunktor*. Im politischen Bereich hat der T. eine wichtige Funktion, indem er sich selbst verstärkende und garantiert widerspruchsfreie Äußerungen für Parteitagsreden generiert: „Wir Liberalen sind liberal, weil Liberal-Sein zum Wesen des Liberalen gehört!"*
(* Hinweis des Sprachprogrammierers: Ersetze liberal wahlweise durch grün, sozial, christlich usw.!)

Worteinpasser

Man lese dazu einfach Bölls „Doktor Murkes gesammeltes Schweigen" oder sehe sich die Verfilmung mit D. Hildebrandt an. Worteinpasser sind arme Schweine: Sie müssen in prominenten Texten peinlich gewordenes Wortmaterial durch neues ersetzen, welches dem aktuellen Correct-Sprech entspricht. Hieß es z. B. früher in der Schule: „F. macht nie Hausaufgaben.", so muss dies im standardisiert-positiven pädagogischen Aktuell-Sprech heißen: „F. muss sich bemühen, seinen Hausaufgaben besser nachzukommen." Dies ist gleichzeitig ein Fall von Mehrfachworteinbettung. Vgl. auch → Satzeinbetter

Verschweiger

„Isch sach nix!" – Diese berühmte Äußerung eines ehemaligen Bundeskanzlers aus der Pfalz sagt eigentlich bereits alles ...
Verschweiger sitzen vor allem in Partei- und Firmenzentralen; wenn sie in Erscheinung treten (müssen), ist etwas schief gelaufen. Dann ist eine enge Zusammenarbeit mit zahlreichen oben genannten Berufen gefragt.
Der **konsequente Verschweiger** unterscheidet sich von dem › *Ablenker* dadurch, dass er keine weiteren Namen nennt.
Der **Trittbrett-Verschweiger** ist eine Form des Wichtigtuers: „Ich könnte Ihnen ja dazu noch so manches sagen..." – Dies täuscht Insiderwissen vor, welches man aber „leider" nicht weitergeben darf...

Sprachdoktoren in der Sprachklinik: z. B. Orthopädieabteilung für Wortbruch

Wie man Sprache medizinisch betreuen könnte. Unfälle. Spezialgebiete. Therapien

Eine Utopie ...

Sie haben Schmerzen? Sie fürchten um Ihre Gesundheit? – Sie gehen zum Arzt. Gesetzlich versichert oder privat. Sie zahlen indirekt oder direkt, aber bereitwillig! Und Sie werden wieder gesund!

Sie haben Sprachprobleme? Intelligenzprobleme? Sie fürchten um Ihre Sprachkompetenz? Um Ihre intellektuelle Kompetenz? – Sie gehen zu ... zu wem eigentlich? Gehen Sie überhaupt zu jemandem? Warum nicht?

Der Unterschied zu einer „richtigen" Krankheit ist, dass weder Spracharmut noch Dummheit oder ähnliche Defizite wehtun. Sehr zum Verdruss der Lehrerzunft, die weitgehend widerspenstige (Schul-) Pflichtige behandelt und damit nur ein prestigearmes Pflicht-Gehalt erzielt.

Hingegen ... welch eine Utopie: Einem Verbündeten der Lehrer ist es mit Hilfe genetisch-medikamentöser Manipulation gelungen, intellektuell-sprachliche Defizite nicht nur für Außenstehende sichtbar und spürbar zu machen (das ist ja längst der Fall, aber die Betroffenen selbst nehmen es ja nicht wahr), sondern auch für die Befallenen – in Form heftiger Schmerzen!

Man stelle sich die Aufwertung des Berufsstandes vor: Angehörige aller Altersklassen warten geduldig in Vorzimmern auf Behandlung, Stunden lang, freiwillig. Diagnosen werden akzeptiert und anstrengende Therapien durchgestanden. Es gibt nur ein Ziel: weg mit den Schmerzen! Vorbei die Tage, als eine klare Diagnose wie „sprachlich unbegabt" oder „nur mittelmäßig intelligent" zu heftigen Protesten führte. Als pflichtbewusste Pädagogen sich um pädagogisch korrekten Diagnosesprech bemühen mussten wie: „Ihr eigentlich hochbegabtes Kind versteht es leider noch nicht richtig, sein beeindruckendes Verstandes- und Sprach-Potenzial einem unverständigen Publikum verständlich zu präsentieren." Als eine Therapie nicht einfach lauten durfte: „Schaff endlich mal was, du F...!", sondern den bangenden Eltern im ebenso passenden Therapiesprech versprochen (Achtung Mehrdeutigkeit!) wurde: „Mit einer wohldosierten Anstrengung aller Beteiligten wird es sicher möglich sein, ihrem Kind schonend eine adäquate Bildungslaufbahn ohne Überforderung zu gewähren."

Eine neue Zeit ist angebrochen: Bildung ist lebenswichtig, Bildung kostet etwas, für Bildung wird bezahlt! Freiwillig, denn ihr Fehlen tut weh. Und vor allem: Aus gebeutelten Pädagogen sind neue selbstbewusste Halbgötter in Weiß geworden. Für alle Kassen, aber eben

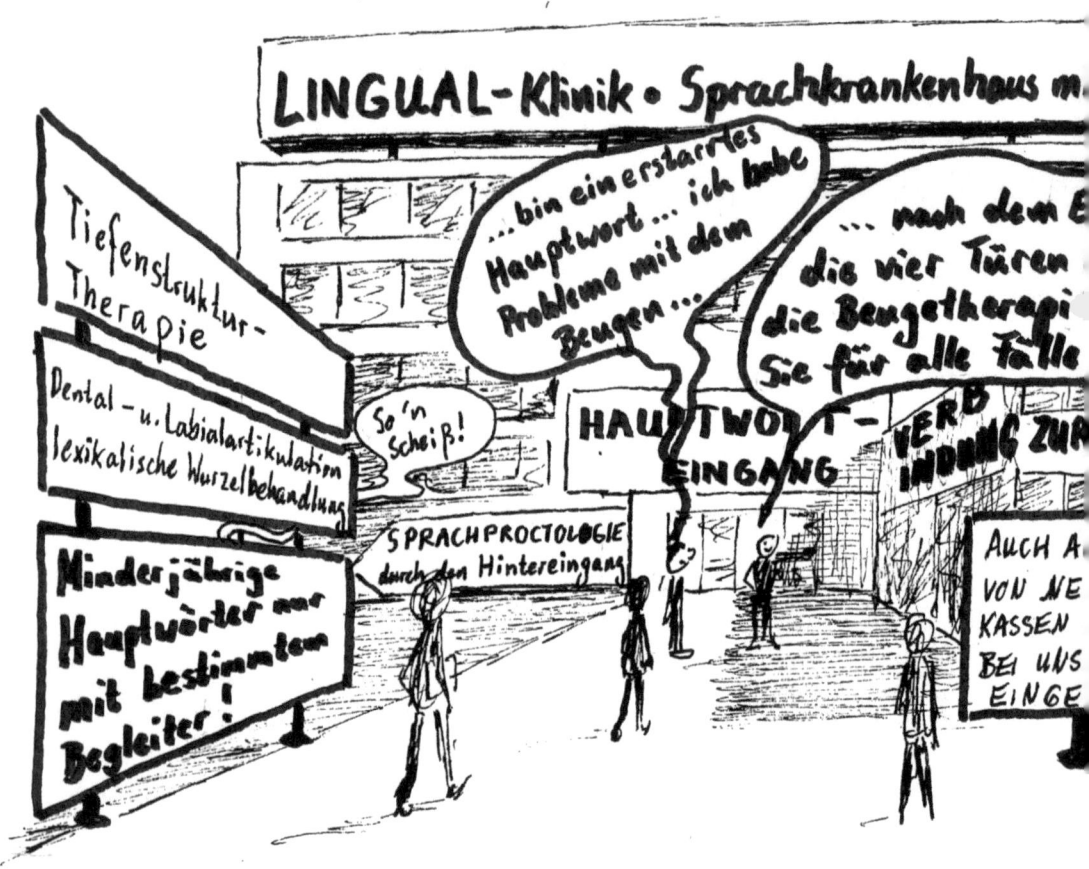

auch für Privatpatienten! Gebeutelte Patienten, die zu jedem Opfer und endlich auch zu jeder Anstrengung fähig sind! Die jede auch noch so schonungslose Diagnose (v)ertragen. Bildungskliniken und **Sprachkliniken** schießen aus dem Boden. Eine neue Wachstumsbranche. Vorbei die Zeit lustloser Massenbehandlungen in dürftigen Schul(!)zimmern. Für akute Notfälle gibt es **Sprachrettungsdienste**, welche die mit **Sprachnot oder –ohnmacht** Ringenden fachgerecht in **Sprachambulanzen** mit bester Ausstattung einliefern: Sprachnotbeatmung, Sprachkorsette usw... Zahlreiche Unterabteilungen entstehen, von der **Sprachorthopädie** zur Behandlung von **Wort- oder Satzbruch** über die **Dental- und Labialabteilung** zur lexikalischen **Wurzel-Behandlung** bis hin zu einem denkbaren Praxisschild: *Dr. Götz v. B. **Sprachproctologe. Sprachspiegelungen,** Behandlung und **Entfernung von Zoten** aller Art.*

Fehldiagnosen werden durch Sprach-MRT weitgehend ausgeschlossen, ein ausgearbeitetes Überweisungssystem (Vorbild: humane Medizin) vermeidet partielle Inkompetenzen und garantiert gleichzeitig eine Teilhabe möglichst aller Sprachtherapeuten an der Genesung eines Patienten.

© N. Thinnes

Zur **Beugetherapie von Hauptwörtern** werden Begleiter bereitwillig akzeptiert, das Übel wird an der Wurzel angepackt.

Aber schon zeichnen sich Probleme und Einschränkungen am Horizont ab, Missbrauch von Leistungen und Missgunst, auch erste Sprachbankrotte in vielen Praxen haben die Schnellsprech-Abteilung des Ministeriums veranlasst, über eine Sprachleistungsreform nachzudenken und die Sprachkassen mit strengen Auflagen zu bedenken. Wie es heißt, und wie auch nicht anders zu erwarten, stehen sich Sprachliberale, Sprachkonservative und Sprachlenker gegenüber. Während erste Utopien schon davon ausgingen, Sprachviagra als Kassenleistung zu erstatten, wird mittlerweile über eine strenge Kontingentierung von einfachem Sprachersatz und Sprachbeihilfe nachgedacht.

Der übliche Gang aller Utopien: sehr zum Verdruss der Lehrerzunft wird doch wieder an Symptomen herumkuriert, sprich, durch das Verabreichen von Schmerzmitteln soll die segensreiche Schmerzwahrnehmung wieder so weit reduziert werden, dass die freiwillige Hinwendung zu Sprachärzten wieder ein „vernünftiges" Maß erreiche...

Lexikon

Sprachkrankenhaus

Artikulation

Zu dentalen und /oder labialen Artikulationsstörungen s. auch → *s-Störung*

Beugeprobleme

Immer jüngeren Menschen gebricht es an einem gute<u>m</u> Beugeverhalten, ähnlich wie in diesem Satz. – Historisch handelt es sich dabei wohl um einen klassischen didaktischen Pendelschlag als Reaktion auf berüchtigte → *Beuger* (s. „Spracharbeitsamt") in der älteren Sprachlehre.
Äußerungen des Dönerbudenbesitzers wie *„Döner mit alles"* dürfen nicht mit schwer wiegenden Beugeproblemen verwechselt werden. Hier liegt nur fehlende Übung vor.

Einbettung

→ *Satzeinbetter (Kapitel „Spracharbeitsamt")*

Fäkalsyndrom

→ *Sprechdurchfall,* → *Milieusprache* (Kapitel „Sprachknast"). Besonders gravierend ist es, wenn Köche Bio-Gesundes anpreisen, aber ihre sprachlichen Absonderungen durchweg Fäkalniveau haben (**A.H.!** … nein, der auch, aber der Koch!)

Lexikalische Wurzelbehandlung

Der klassische Fall einer lexikalischen Wurzelbehandlung mündet in der Vermittlung der Erkenntnis, dass Kunst von *Können* kommt.

Lingual-Klinik

Behandelt werden linguale Unfälle wie Zungenspaltung. → *Sprachunfälle*

Logorrhö

→ *Sprechdurchfall*

Mikrofongeilheit

in der Politik (natürlich…) und anderen Öffentlichkeitsfeldern übliche Verhaltensform, die zu zwanghafter Sprachabsonderung führt, sobald ein mikrofonähnlicher Gegenstand oder auch nur ein Podest auftaucht. Die Mikrofongeilheit wird in der Sprachsoziologie als wichtiger Indikator für sprachliches Hierarchie- und Dominanzverhalten gesehen:

Ein Chef, eben noch im scheinbar „kollegialen" Gespräch mit seinem Mitarbeiter, lässt diesen stehen, sobald eine Möglichkeit zur Selbstdarstellung auftaucht. Eine eventuelle Dreistigkeit des untergeordneten Mitarbeiters, selbst zuerst das Mikrofon zu ergreifen, führt zu strengsten Maßregelungen.

Einlieferungen in die Sprachklinik erfolgen meistens nicht auf Wunsch des mikrofongeilen Patienten, da dieser die Krankheit nicht selbst als solche erkennt. Meistens zwingen Sprachunfälle (→ Sprachorthopädie) zu Maßnahmen. Mikrofongeile sehen sich selbst eher positiv als → *Sprech-aholics*.

Satzbruch

Phänomen, Sätze einfach unvollendet zu lassen und einen neuen anzufangen – bei dem das Gleiche passieren kann. Legendärer Vertreter: „Onkel Herbert" im Bonner Parlament

Schreib-aholics

arbeiten eher im Stillen und effektiv. Therapiebedürftig erst dann, wenn nach Eintreten von Erfolg Ähnlichkeiten zu → *Sprech-aholics* auftreten.

Sprachambulanz

Notfallstation für sprachliche Unfälle; Zusammenarbeit vor allem von Sprachorthopäden (→ Sprachorthopädie) und → *Sprachchirurgen* (s. Kapitel „*Spracharbeitsamt*")

Sprachbandwurm

s. Kapitel „*Sprachapotheke*"

Sprachdiät

→ *Sprachpfau*

Sprachkasse

→ *Sprachversicherung*

Sprachkrankenhaus mit Prädikat

Sprache ohne Prädikat ist sinnlos. Genau dies wäre auch bei einem nicht zertifizierten Sprachkrankenhaus ohne Prädikat der Fall.

Sprachnotfälle

→ *Sprachambulanz*

Sprachohnmacht

ist auf keinen Fall zu verwechseln mit gewöhnlichem Schweigen; denn dieses kann auch sprachliche

Souveränität bedeuten. S.ohnmacht kann sogar bei → Sprech-aholics vorkommen, wenn sie es trotz sprachlicher Dauerproduktion nicht schaffen, einfache Gedanken (falls sie denn vorliegen) in entsprechend einfache Worte zu fassen. (**Tipp: *Stoiber zum Transrapid* googeln!**)

Sprachorthopädie

Abteilung des Sprachkrankenhauses, welche sich mit → *Sprachunfällen* befasst. Aber auch → Beugeprobleme gehören zum Tätigkeitsfeld des Sprachorthopäden.

Sprachpfau-Syndrom

an raumgreifender Sprachspreizung erkennbares Imponiergehabe; meistens behandelt mit gezielter Sprachdiät

Sprachproktologie

meistens durch den Hintereingang von Sprachkliniken zu erreichen. Sprachproktologen befassen sich besonders mit → Fäkalsprache, → Logorrhö, → Sprachbandwürmern und → Zotenentfernung.

Sprachrhythmusstörungen

in moderner Lyrik sehr häufig; fließende Grenze zwischen gewolltem Umgang mit Rhythmen und Unfähigkeit

Sprachschwester → Kapitel *„Spracharbeitsamt"*

Sprachunfälle *Hierzu gehören* sprachliche Ausrutscher bzw. Tritte ins Fettnäpfchen (Steinbrücks „Kavallerie"), Wortbruch (besonders nach Wahlen), Zungenspaltung (vgl. in der Bibel: „...sie redeten mit gespaltener Zunge"). Therapien sind oft nur von kurzfristigem Erfolg, da unfallträchtiges Sprachverhalten sich nach der Entlassung aus der Unfallklinik oft wieder gleich einstellt.
Harmlosere, wenn auch sehr häufige Sprachunfälle finden sich in Schüleraufsätzen. – Allerdings sind dort auch meist sehr ratlose Therapeuten nicht ohne Mitschuld.

Sprachversicherung *s. Kapitel „Spracharbeitsamt"*

Sprachvisite alltäglicher Höhepunkt in der Spracharztausbildung.

Sprach-Visitenkarte Die S. wird fast immer unfreiwillig (und dennoch ohne Zwang!) vorgezeigt und zeigt dem Adressaten zweifelsfrei das Sprachniveau des Sprechers an...
s. Kapitel *„Sprachknast"*

Sprech-aholics

kommen gehäuft in klassischen Sprechberufen vor und fühlen sich vor Mikrofonen (→ Mikrofongeilheit) und an runden Tischen mit möglichst vielen Zuhörern in geselliger Stimmung wohl. Häufig Chefs, die auf Grund ihrer Position endlich ein Publikum gefunden haben, das über ihre Witzchen lacht. Sie sehen die Bezeichnung *Sprech-aholics* als positiv im Sinne eines Eigenlobs, obwohl ihr Verhalten eine Zwischenstufe zwischen **Workaholic** und **Alkoholic** einnimmt. Die Tendenz zu Letzterem signalisiert dringenden Therapiebedarf.
Im Gegensatz dazu der bescheidenere
→ *Schreib-aholic*

Typischer Sprech-aholic mit seinem Publikum

Sprechdurchfall

hinterlässt lästigen Fäkalgeruch; wird aber trotzdem ungehemmt in aller Öffentlichkeit abgesondert. In italienischen Nachmittagstalkshows am häufigsten zu beobachten. Kann durch → *Schweigepulver* (s. „Sprachapotheke") zeitweilig eingedämmt werden, dieses wird aber gerade von S.-Patienten nicht freiwillig genommen.

s-Störung	Im Gegensatz zur Ess-Störung, bei der zu wenig Richtiges in den Mund hinein wandert, kommt bei der s-Störung zuviel phonetisch Falsches aus dem Mund heraus. Bekannt ist die Rüttgers-*s*-Störung. Bei Störungen durch extremen Überbiss kann ein /s/ fast nur wie ein [f] artikuliert werden. Der Satz „Ein *s* kommt heraus." hört sich dann an wie: „Ein *f* kommt herauf." – was zu schweren Kommunikationsproblemen führen kann.
Tiefenstrukturtherapie	Therapiemaßnahme, bei welcher versucht wird, sprachliche Oberfläche durch gedankliche Tiefe zu unterfüttern, entsprechend dem Grundsatz: *Denke etwas, bevor du etwas sagst!* Entgegen der natürlichen Reihenfolge Denken – Sprechen ist es bei vielen tiefengestörten Sprachpatienten jedoch umgekehrt. Eine bereits erfolgte Äußerung nachträglich mit Sinn zu unterlegen, ist außerordentlich schwer, wie der Beruf des → *Sinntauchers* (s. Kapitel „*Spracharbeitsamt"*) beweist.
Wortbruch	häufiger Sprachunfall nach Wahlen. Obwohl der W. vorhersehbar ist, gibt es noch kein wirksames Gegenmittel.
Zotenentfernung	oft sehr schmerzhafte Sprachoperation, da betroffene Patienten einen wichtigen Teil ihrer selbst verlieren und ihre Lebensweise umstellen müssen. Gelingt nicht immer.

In der Sprachapotheke

Hilfsmittel für gutes Sprechen könnten eine Apotheke füllen...wenn es sie gäbe.

Sprechviagra
und andere sprachliche Potenzmittel

Bitte beachten Sie den Unterschied: eine Sprach-Apotheke ist keine Drogerie, in der jeder seine persönliche Selbstmedikation betreiben kann! Auch wenn Selbstmedikation ein hohes Maß an pragmatischem Gesundheitsbewusstsein bedeutet: so ganz ungefährlich ist sie ja nicht – und überhaupt: es sind ja nur wenige, die in puncto eigener Sprachgesundheit das nötige selbstkritische Heilungsbedürfnis haben.
Aber auch Sprachapotheker wollen das rezeptfreie Sortiment bedienen: harmlose **Nasalsprays** für aristokratisches Nasaltimbre, **Quasselpillen** für Partysprech und dergleichen. Entscheidend ist, dass der Fachmann in Zusammenarbeit mit medizinischer Sprachbetreuung – sprich: auf der Grundlage fachlich abgesicherter Rezepte – zu einer sprachmedizinisch ausgewogenen Betreuung beiträgt. Wer sich

mit der Vorgeschichte von **Sprecherkrankungen** befasst, weiß davon zu berichten, dass **Sprechdurchfall** oder **Bandwurmsatz-Symptomatik** häufig auf Überdosierung von eigentlich geeigneten Heilmitteln beruhen: verklemmte oder sprachlich impotente Zeitgenossen wollen ihrem Nischendasein entfliehen (so weit der wünschenswerte Teil von Selbsttherapie) und nehmen unkontrolliert eine Überdosis von **Sprechviagra** oder fallen in die Hände skrupelloser Sprechtherapeuten: Minderbegabte werden unbegrenzt ermutigt, jede Art von sinnentleerter Äußerung „selbstbewusst" zur Schau zu tragen, und schon sind sie nicht mehr zu stoppen **(Katzenberger-Syndrom).** Kein Mittel ohne Nebenwirkung, das gilt auch in der Sprachpharmazie! Entscheidend ist die richtige Balance und die fachliche Betreuung.

Eine kritische Sicht der Sprachpharmazie muss erlaubt sein : Wenn der Verkäufer von Quasselpillen oder Sprechviagra gleichermaßen an den Gegenmitteln verdient (**Lingualpräservative** zur Verhütung unangenehmer Folgen von Äußerungen, orale Vorhängeschlösser oder **Maulkörbe** zur Eindämmung; Ohren-Zuhälter für Betroffene), dann wird ein lukrativer Kreislauf von Mitteln und Gegenmitteln in Gang gesetzt. Übrigens: zur Behandlung von Bandwurmsätzen ist häufig auch eine einfache handelsübliche Packung von Satzzeichen geeignet, absolut rezeptfrei! Hochwirksam – leider aber nur bei penibler Beachtung der Gebrauchsanweisung, sprich Kommaregelungen usw. Der Marktnachteil: viel verdienen lässt sich daran nicht...

Ein differenziert zu sehendes Problem sind **Sprachplacebos**: unproblematisch, weil ohne Nebenwirkungen, aber auch von vornherein wirkungslos, wenn der intelligente Kunde/Klient/Patient schon durch die Etikettierung die Täuschung durchschaut – oder gar mitmacht: Vokabeltrainer-Placebos werden als Eltern-Strategie zur eigenen Gewissensberuhigung durchschaut, entsprechend „pflichtmotiviert" absolviert und dienen gleichzeitig dem Sprößling als willkommene Fassade, während im Hintergrund ein anderes Spiel läuft ... nicht ohne Sprachfolgen.

Ein diskreter Platz in der Fachapotheke für sinnvolle Placebo-Strategien ist also auf jeden Fall angebracht, damit verbunden ein geschicktes, diskretes Vorgehen; anders verhält es sich mit so genannten Aktiv-Placebos, das sind Mittel, die beim Zuhörer gehörten Inhalt vortäuschen, der letztlich nicht vorhanden ist: taschenbuchähnliche Instant-Packungen mit Smalltalk oder Party-Phrasen, oft auch ganz offen an exponierter Verkaufsstelle vor der Ladentür angeboten, sichern einen schnellen Erfolg bei unkritischem Publikum.

Sehr diskret platziert ist stets **der sprachliche Giftschrank** – dessen Berechtigung heftig umstritten ist: Da der Inhalt nur unter direkter fachlicher Anleitung nutzbar ist, kann er ohnehin nicht an Patienten verkauft werden. Fachleute selbst besitzen solche Inhalte ohnehin, meistens eigentlich nur zum eigenen Vergnügen. Ungefähr so, wie wenn der Vatikan die gefährlichsten Schriften unter Verschluss hält. Selbstbefriedigung der „berechtigten" Fachleute ... Andererseits haben sich die zotigsten Produkte längst jeder sprachtherapeutischen Betreuung entzogen und sind in jeder Fußgängerpassage erhältlich. Wozu also das Aufhebens mit Sprachtabus? Zumal etwa die „Sprachfachleute" an Schulapotheken hoffnungslos hinterher hinken, wenn es um **Tabusprache** geht...

Lexikon

Sprachapotheke

Abtönungspartikel

Wie Abtönungsfarbe dienen auch Abtönungspartikeln dazu, allzu einfache Klarheit zu vermeiden. Häufig getadelt als „Füllwörter", d. h. als ein Sprachdefizit, werden A. eigentlich nur von Muttersprachlern beherrscht, meistens sogar unbewusst, unbeabsichtigt, sogar ungewollt verräterisch: „Die haben sich *auch* getrennt..." sollte einen Partner aufhorchen lassen. Gänzlich unübersetzbar und der Horror für Dolmetscher sind Häufungen von Abtönungspartikeln, die bei bewusstem Einsatz geradezu unaufklärbare → *Sprachnebel*-Qualität entwickeln. Dies ist **ja aber doch auch schon** eine Eigenart speziell der deutschen Sprache und ihrer Benutzer.

Brüderleins Nuschelpulver

idio-individuelles Politikerrezept, welches → *Sprachschleier* in der phonetischen Form des Nuschelns erzeugt und somit zumeist mit Erfolg präzise Dekodierungen verhindert. Die Wirkung wird durch Alkohol erheblich verstärkt.

Fluchtherapie

Die F. dient der seelischen Entlastung, verbunden mit folkloristischer Aktivität und somit kultureller Bereicherung. Besonders beliebt sind komplette Therapie-Aufenthalte in Bayern. Vor einer unkontrollierten öffentlichen Anwendung nach dem Therapieaufenthalt wird gewarnt. Siehe auch zur Möglichkeit von Sprachversicherungen → Sprachversicherer (Kapitel „Spracharbeitsamt").

Maulkorb

Häufig hört und liest man, dass Funktionsträgern in niederen Positionen „ein Maulkorb verpasst" wurde. Die Wirkung dieses Mittels ist offenbar sehr konsequent und zuverlässig; denn es schwingt bei solchen Meldungen das Bedauern mit, von dem betr. Funktionsträger nichts mehr zu erfahren. Eigenartig erscheint dabei, dass noch nie eine öffentliche Person beim Tragen eines M. gesehen wurde. Hier scheint wohl die reine Drohung die gewünschte Wirkung zu erreichen. S. auch → *Sprachpräservativ*

Nasalspray	erzeugt vornehme, prestigeträchtige Nasalität. Dies führt missbräuchlich dazu, dass in der Gesangswelt gelegentlich eine vermeintliche Aufbesserung der Stimme durch übertriebenes „nasales Quetschen" angestrebt wird: Üngber singbeng Brückeng musst du gäääng ist das Paradebeispiel einer übernasalierten Quetschstimme.
Quasselwasser	Billigvariante von → *Sprachpotenzmitteln*. Nicht empfehlenswert, hinterlässt am Morgen danach einen Sprachkater.
Schweigepulver, ~tabletten	Schulmäßige Anwendung heute nur noch als letztes Gegenmittel bei Überdosierung von → *Sprechviagr*a oder chronischem → *Sprachbandwurm* bei Erwachsenen, ebenso bei → *Sprechdurchfall* (s. Kapitel „*Sprachkrankenhaus*"). Die Nichtzulassung als Hilfsmittel der Pädagogik gegenüber Minderjährigen führte zunächst zu starken Einbrüchen des Aktienkurses schon vor der Markteinführung.
Sprachbandwurm, ~mittel	Einfachstes Gegenmittel gegen harmlose Sprachbandwürmer sind Punkt, Komma und Strichpunkt, erhältlich als implizite Beipackung zu Tintenpatronen oder Druckerpatronen. Allerdings kommt die Mehrzahl der Bevölkerung mit den Anwendungsregeln dieses Medikaments nicht klar. Zu alternativen Möglichkeiten s. unter → *Schweigepulver* . Der Sprachbandwurm frisst sich durch die Eingeweide von Texten und ist in ausgewachsenem Zustand nur noch schwer in seiner sich ausdehnenden Dominanz zu überblicken und zu bekämpfen. Die Wirkung auf Texte ist eine fatale Unübersichtlichkeit, Kraftlosigkeit und Eintönigkeit. Erkannt wird er meistens erst, wenn er an der Textoberfläche erscheint, sich aber schon längst im Hirn des Sprechers festgesetzt hat.

**Sprachpotenzmittel,
Sprechviagra**

verschreibungspflichtig, da nur für entsprechend behinderte Personen erlaubt (Sprechviagra allerdings nicht für Frauen). Es ist nicht abschließend geklärt, inwiefern Sprachpotenz-Gehabe auf Medikamentenmissbrauch oder natürliche „Veranlagung" zurückzuführen ist.

Sprachpräservative haben keine Nebenwirkungen wie z. B. Sprachpillen, allerdings nicht immer einfach zu verwenden...

Bewerbungen

Ehrliche und unehrliche Höflichkeit. Offenheit und Feigheit bei Beurteilungen

© N. Thinnes

„Prima gelaufen!" – wirklich?

Einer meiner Professoren erzählte Kandidaten vor Prüfungen immer diese Geschichte von einem Professor aus seiner eigenen Studentenzeit:
„**...Bei dem kamen die Studenten immer raus und waren bester Dinge: der habe sie ausschließlich und *andauernd gelobt*, , ja, prima..., „hervorragend...' *usw.* – und dann waren sie durchgefallen!"**
Womöglich hätte man auf ironische, zynische oder hämische Untertöne achten sollen – sozusagen die Denkblase im Unterton: „Hervorragend, dass ich Sie bei dem Mist, den Sie verzapfen, mit Pauken und Trompeten endlich werde durchfallen lassen können. Mir war schon immer klar, dass Sie nichts können..." usw. Man kann darüber streiten, was schlimmer ist – diese zynisch-freundliche Form des Abservierens, bei welcher Prüflinge aus allen Wolken fallen, oder die brutale Demütigung, am besten

vor versammeltem Publikum. Man muss nicht erst „Der Schüler Gerber" von Friedrich Torberg lesen; Prüfungspraktiken aus früheren Zeiten waren manchmal sogar ein Gemisch aus beidem, auf dem Land gab es in Schulen kaum so etwas wie Elternwillen, an Universitäten sowieso nicht.

Was hat sich gebessert? Hat sich etwas verbessert? Immerhin haben polternde Prüfungstyrannen an Schulen schlechte Karten, und wenn sich ihre Praxis in der kollegialen Öffentlichkeit herumgesprochen hat, dauert es nicht lange, bis man ihnen einen „bremsenden" Prüfungsvorsitzenden mit nötigem Rückgrat zuordnet. Wer Prüfungen in mehreren Kollegien, auch solche von Lehramtsanwärtern, erlebt hat, weiß, dass dies Ausdruck einer wohltuenden Entwicklung ist: Prüfungen sollen in einer weitgehend entspannten Atmoshäre ablaufen, in welcher dem Prüfling die Gelegenheit gegeben werden soll, das Maximum seiner Fähigkeiten zu präsentieren, anstatt durch einschüchternde Prüfungspraktiken „heruntergenotet" zu werden.

Ähnlich verhält es sich mit Beurteilungen: es soll möglichst nicht „abgeurteilt", sondern „ermutigt" werden. In Verbalbeurteilungen von Grundschülern heißt es zum Beispiel: „Fabian hat sich im letzten Jahr stark verbessert und kann nun bis zwanzig rechnen." Wie schön! Oder bei der Begründung von Verhaltensnoten von Mittelstufenschülern: „Kevin sollte in Zukunft besser seine Mitschüler respektieren." – Nicht gesagt wird dabei, dass Fabian trotz Verbesserung „nur" bis zwanzig rechnen kann und dass seine Klassenkameraden ihm meilenweit voraus sind; dass Kevin zu physischer Brutalität neigt und gelegentlich Mitschüler verdrischt. Da fallen einem sofort die „Beurteilungs-Codes" von Personalchefs ein, die Mitarbeitern scheinbar beste Fähigkeiten bescheinigen, bei näherem Hinsehen aber (Gewerkschaften brauchten dazu bekanntlich einige Zeit) nichts anderes als Schwächen oder Mängel attestieren. Wie viel anders ist das überhaupt, wenn sich ein Grundschüler und dessen naive Eltern über das Lob aus der Schule freuen, pädagogische Profis aber die Nase rümpfen?

Andere Ebene: gibt es überhaupt so etwas wie klare, offene Urteile von Personalchefs bei Vorstellungsgesprächen? Soweit bekannt, läuft aus Sicht der Bewerber „alles bestens", bis dann das Formschreiben kommt: „Leider müssen wir…"

Um zu dem Ausgangsbeispiel zurück zu kommen: Ist unsere moderne Höflichkeit wirklich immer und ohne Einschränkungen besser? Zumindest die Einschränkung sei erlaubt, dass Höflichkeit gelegentlich – d.h. nicht immer! – sehr nahe an Feigheit und Konfliktscheu, wenn nicht gar Heuchelei von Seiten der Entscheidungsträger herankommt. Hauptsache, man muss sich als Dienstvorgesetzter, egal ob im Ausbildungs- oder im Personalbereich, nicht offen mit Schwächen oder Mängeln von Kandidaten auseinandersetzen; selbst bei aussichtslosen Fällen wird „ermutigt", man ist den Kandidaten erstmal los… Später heißt es heuchlerisch: „Es tut und Leid, es waren halt *noch* Bessere da."

Vielleicht gibt es auch die Möglichkeit klarer Worte, ohne den Kandidaten ihre Würde zu nehmen, was auch bedeuten würde, dass sie sich nicht immer wieder – in unwürdiger Weise und chancenlos – den gleichen, aussichtslosen Situationen aussetzen müssten. **Zu allererst wären nicht nur samtweiche Formulierungstricks gefragt, sondern auch die Erziehung zum Akzeptieren kompetenter Urteile.** Ohne dass ein Ausrasten Betroffener befürchtet werden müsste. Mir ist ein Fall bekannt, da hat sich einer über ein Dutzend mal um eine Studiendirektorenstelle beworben, bis endlich jemand nicht aufgepasst und ihn befördert hat. Anstatt ihm reinen Wein einzuschenken. Die Folge: Er machte sich endgültig zur Lachnummer, weil er sich für die Leitung eines Studienseminars bewarb. Gottseidank erfolglos.

Trotz aller Ausschreitungen im Sport hat noch niemand die Idee gehabt, Ergebnisse von Spielen abzuschaffen. Der Verlierer muss sich mit Ergebnissen auseinandersetzen. Sportlich verlieren. Seine Fähigkeiten erkennen und akzeptieren – oder sich mit eisernem Training verbessern. Nicht jeder Begabte wird sich dann durchsetzen. Das ist die eine Ungerechtigkeit. Die andere ist die, mit heuchlerischer „Ermutigung" Konflikten aus dem Weg zu gehen und gutgläubige, aber unbegabte Kandidaten unendlich oft zu verheizen.

Eine Art von Karriere hat in dieser Verfahrensweise sicher die größten Aussichten: wenn so genannte Führungskräfte sich als Ausweichtalente profilieren können oder müssen, was dann als „sozial kompatibel", „moderate Führungskompetenz", „deeskalierendes Konfliktmanagement" beschrieben wird. Aber das hatten wir oben schon: Hinter manchen positiv klingenden Floskeln verbirgt sich halt doch nichts anderes als Inkompetenz... Auf die Nase fallen aber immer nur die, die ganz unten sind.

Lexikon

Bewerbungskommission

Befugnis	ist das, was viele Chefs (m./f.) mit Kompetenz verwechseln. Während per Ernennung die Befugnis zu vielen Entscheidungsbereichen erteilt wird, verhält es sich mit den entsprechenden Kompetenzen anders; denn sie müssten eigentlich durch Ausbildung, Studium, Praxis usw. erworben werden. Das kann dauern. Chefs sehen das anders: Mit der Ernennung können sie endlich überall nicht nur mitreden, sondern den Ton angeben. → *Kompetenz*
bei Gelegenheit	→ *gegebenen Falls*

gegebenen Falls

bedeutet: *nie!* Soll sich aber wie eine Hoffnung oder fast wie eine Zusage anhören. Auf jeden Fall (und nicht „gegebenen Falls") ist man den Bewerber erstmal los. Der wird sich ja durch Insistieren nicht seine Chancen verderben wollen.

„Hochinteressant!"

bedeutet, aus dem Mund eines Kommissionsmitglieds oder Chefs, das über den Bewerber entscheidet: Das Kommissionsmitglied oder der Chef hat von Tuten und Blasen keine Ahnung! Warum sollte er das zugeben?! Denn wer wird sich als Bewerber gegen ein solch positives Urteil auflehnen! Zumal auch ein Bewerber positive Äußerungen über sich grundsätzlich als kompetent einstuft.

interessierte Experten

haben häufig als wichtigste Qualifikation die Fähigkeit, Interesse vorzutäuschen und damit ihr Anti-Expertentum zu überspielen. Trauen sich just ab dem Moment, in welchem sie von anderen „Experten" gewählt worden sind, zu, über alles Mögliche zu urteilen, wofür Nicht-Experten Jahre lang studiert haben.

kompetenter Eindruck

Macht ein Kandidat einen „kompetenten Eindruck", dann hat ein Kommissionsmitglied wieder mal auf Grund seines „Fingerspitzengefühls" entschieden und, indem es Fingerspitzen und Daumen vielsagend aneinander reibt, festgestellt, dass der Kandidat „so was Gewisses" hat. Was genau, vermag man nicht zu sagen; denn dann hätte man es entsprechend begründet. Genügt aber in Bewerbungskommissionen. Zumindest zu Beginn des Bewerbungsgesprächs ist damit noch nichts Definitives gesagt, man hat sich noch nicht festgelegt.
In einer späteren Gesprächsphase wird dieses Urteil nicht mehr fallen, denn dann wäre es ja schon fast eine Zusage. Als kommissionsinterne Äußerung muss man das Urteil nach außen nicht begründen. Zumal ein/e Kandidat/in mit dem „gewissen Etwas", der/die sich durchsetzt, es nicht hinterfragen wird.

Kompetenz	Besonders häufige Schulleiterkrankheit in Form einer Einbildung → Befugnis, → kompetenter Eindruck
So was... Gewisses	→ *kompetenter Eindruck*
unser Mitarbeiter	bedeutet: 1) diese höfliche Person, die nichts zu sagen hat und sie mit freundlichem Lächeln jetzt erstmal nach außen entsorgt. 2) ein Mitglied unserer Abteilung für „Abwicklung", welche Ihnen bald einen höflichen Brief mit der Einleitung „Leider müssen wir Ihnen mitteilen ..." schreiben wird.
unsere Abteilung für...	die Abteilung, welche die weitere unangenehme Absage anstelle der Kommission übernehmen wird (→ *unser Mitarbeiter*), sich ihrerseits aber auf die Kommission berufen wird, welche „nach langer und intensiver Beratung" entschieden hat.

Im Sprachknast

Sprachliche Gewohnheitsverbrecher, Sprachproleten und Ehrenwerte Gesellschaft

© N. Thinnes

Ab in den Sprachknast!

Verbrechen beginnen im Kopf. Als Gedanke. Und enden mit einer Tat, mit körperlicher Gewalt. Oder zum Beispiel als Diebstahl. Oder beides zusammen. Schwere Verbrechen sind arglistig geplant. Sie passieren nicht einfach so aus dem Affekt. Als besonders schwerwiegend werden die Intensität der Vorbereitung oder so genannte niedere Beweggründe angesehen. Andere Verbrechen beginnen im Kopf und werden in Form von Sprache ausgeführt. Rufmord zum Beispiel. Beleidigung.

Ein häufiges Opfer von Sprache ist allerdings die Sprache selbst. Besser gesagt: Sprache als Opfer von Sprachbenutzern. Die Folge sind sprachliche Verstümmelungen, Epidemien wie z. B. Sprechdurchfall, chronische Spracharmut, Wortbruch, Unwortwucherungen und vieles andere. Sehen wir mal von der Utopie einer › Sprachapotheke mit vielfältigen Mitteln und Hausmittelchen ab, ebenso von › Sprachkliniken mit ihren vielfältigen Therapien – diese Möglichkeiten verdienen jeweils eine ausführliche

Behandlung – dann bleibt eine unübersehbare Anzahl von **Sprachkriminellen**, die einfach als unheilbar angesehen werden müssen, weil jede Therapie versagt.

Nicht alle **Sprachverbrechen** sind arglistig. Und es müssen nicht unbedingt Schwerkriminelle sein, die sich nicht kurieren lassen. Oft sind es Verhaltensweisen wie eine zweite Haut, nicht schlimm als Einzeltat, in der Gewohnheit aber gravierend. Wir kennen das aus dem Straßenverkehr; jeder von uns ist schon mal zu schnell gefahren, was allerdings etwas anderes ist als dauerndes gravierendes Überschreiten von Geboten. Seien wir also nicht pingelig bei sprachlichen Ausrutschern, die jedem mal passieren können. Und bei Ausrutschern hat der, der den Spott hat, ja auch den Schaden.

Aber nochmal: was tun bei unkurierbaren Dauer-Sprachverhunzern? Eine Flensburger **Sprachsünderkartei** wäre sicher eine Möglichkeit. Ab einer bestimmten Punktzahl gäbe es den Entzug der öffentlichen Sprecherlaubnis. Da gehen einem ja schon einige Namen des öffentlichen Lebens durch den Kopf… Und in nicht wenigen Fällen würde die Gewohnheit bzw. die Kumulation oder Eskalation unweigerlich da enden, wo der Strafvollzug hinter geschlossenen Mauern stattfindet. – Eine Nebenfrage sei in diesem Zusammenhang erlaubt: Wieso kamen die Theologen noch nicht auf die Idee, eine spezielle **Sprach-Hölle** zu propagieren, ausgerechnet in der Geistessphäre, in der ein unumstößlicher Glaubenssatz lautet: „Im Anfang war das Wort."? Parteiübergreifend: Strauß und Wehner in der Sprachhölle – wegen Polterns, Lügens, Ausrastens, Rundumschlagens, sich gegenseitig das (Nach-) Leben schwer machend: „Die Hölle, das sind die anderen!"

Ansonsten käme hier im irdischen Vollzug eine doch recht umfangreiche Gesellschaft in einem Sprachknast zusammen – natürlich gäbe es gut organisierte „Abteilungen": Versicherungsvertreter, die zu oft etwas falsch „versichert" haben, Militärs mit ihren „Kollateralschäden", Banker mit ihren „Peanuts", Wirtschaftslenker im Angesicht der „Rentnerschwemme", Bildungspolitiker mit ihrem „Bildungs-Monitoring". Eine illustre „feine Gesellschaft"…

Harmlose Dauerfremdwortverhunzer, die jeden Samstag nach dem Spiel ihre Interviews geben, sprich: Fußballer, sind ja bereits sozusagen im offenen bzw. veröffentlichten Vollzug und müssen sich die Häme in einschlägigen Publikationen gefallen lassen, wenn sie sich sprachlich nicht so „karibisch" vorbereitet haben wie auf ihren kurzen Fernseh-Spott (Achtung: Aussprache! Oder Schreibung?). Sie und ihresgleichen bilden den eher unfreiwillig komischen Part in der Rollenverteilung, fast schon mit Unterhaltungswert. Zu leicht sollte man aber scheinbar harmlose Marotten oder selbst Aussprache-Details doch nicht nehmen: Überrtrrriebene Theattrrrraaalik, mit entsprechendem Gestus in Szene gesetzt, war schon einmal am Anfang … vor der ~~Sprach~~ Hölle.

Lexikon

Sprachknast

Ein lexikalischer Einblick in die Schattenseiten des Sprachgebrauchs

Banksprachler haben stets eine Favoritenrolle bei der Wahl „Unwort des Jahres". Bisher größter Erfolg war das Wort **Peanuts** (H. Kopper).

Brüderle → *Nebelwerfer* (Kapitel *„Spracharbeitsamt"*), → *Brüderles Nuschelpulver* (Kapitel *„Sprachapotheke"*)

„Ich habe fertig." Harmloser Ausrutscher G. Trapattonis, der es zum Status eines geflügelten Wortes gebracht hat. In den Sprachknast gehören allenfalls jene, die es immer noch witzig finden, ihre Rede besonders originell mit diesem Zitat abzuschließen.

F...sprachler → *Milieusprache*

Korrektsprechler können deswegen nicht in den Sprachknast kommen, weil sie sich in der → *Sprachfestung* befinden, die nach ihrer Überzeugung das Gute vertritt. Die Sprachfestung bietet Sicherheit. Auch wenn sie letztlich auch eine Art Gefängnis ist.

Loddar (und Kollegen) Eigentlich harmloser Insasse des Sprachknasts, der zu Unrecht von den Medien an den Pranger gestellt wird auf Grund von Vergehen an der englischen Sprache: „I hope we have a little bit lucky." Aber „der Loddar" gelobte sogleich Besserung, indem er versprach, bald so gut englische Interviews zu geben, dass auch seine deutschen Fans ihn verstehen könnten!!?? – Der Unterhaltungswert sollte für eine Begnadigung reichen. Ähnlich wie bei Traps → „Ich habe fertig." Ein ganz heißer Tipp: Googeln Sie „Fußballer und Fremdwörter"!

Milieusprache Typisches Vokabular der Milieusprache sind die so genannten four-letter-words und alle

Ausdrucksarten, wie sie in → Vulgarien (siehe Kapitel „Linguistische Landkarte") üblich sind. Ebenfalls dazu zählen: Bahnhofsmilieu („F... dich, du W...!"), Frittenbude („Bistu die Pommäs?"), Tankstelle („Was,n billiges Endrohr!"), Caffè-latte-Bohême („Frollein, bringese mal'n Latte machento!"), aber auch Frisöre mit Niwoo ("Gnädigste, darf ich mir an Ihnen zu schaffen machen?").

Auch Korrektsprech (→ *Korrektsprechler*) und Sprachen in → *„Sprachfestungen"* (Kapitel) sind eine Form von Milieusprache, da sie ebenfalls auf ihre Weise restringiert sind. Das schein-elaborierte äußere Erscheinungsbild (Korrektsprech) täuscht über Schwächen des Inhalts hinweg.

Mini-Sprech

Sprache von **Mini**sterien, wenn sie sich an ihre Mitarbeiter wenden. Vgl. auch → *Milieusprache*

Offener Vollzug

Sanfte Form von Sprachknast, wenn eine Resozialisierng als aussichtsreich erscheint. Allzu häufig droht jedoch ein Rückfall durch unbewusstes Wiederanpassen an alltägliche sprachliche Unsitten.

Sprachgesetze

In früheren Zeiten (Brüder Grimm) glaubte man an eine **gesetzmäßige Entwicklung** von Sprachen; dieser Glaube stellte sich aber bald als Märchen heraus.

Eher religiösen Charakter haben **die zehn Sprachgebote** (hier in modernisierter Form):
– Du sollst nicht versuchen, jemals eine bessere Sprache zu haben als mich, die (göttliche?) Sprache, die du von Geburt an gelernt hast.
– Du sollst deine Sprache nicht missbrauchen.
– Du musst nicht immer sprechen, sondern kannst auch mal den Mund halten.
– Du sollst deine Muttersprache ehren. (Gender-Anpassung: auch deine Vatersprache)
– Du sollst deine Sprache nicht kaputt machen.
– Du sollst deine Sprache nicht verleugnen oder verraten.

– Du sollst nicht in anderen Sprachen stehlen, wenn deine dir alles bietet.
– Du sollst nicht lügen.
– Begehre nicht die intimsten Gedanken Anderer, um sie mit lauter Sprache bloßzustellen.
– Du sollst nicht anderer Leute Witze, Texte oder Ideen als deine eigenen ausgeben.

Die neuzeitliche **laizistische Sprachgesetzgebung** verzichtet auf transzendentale Begründungen und fundiert die Regeln eher pragmatisch. Die Komplexität der Inhalte erfordert ein ausführliches Studium und ist vom Laien nicht mehr nachvollziehbar. Über deren Richtigkeit und Einhaltung wacht der Sprachgerichtshof (Sitz: Mannheim), Hilfsorgan ist die → *Sprachpolizei* (siehe Kapitel „Spracharbeitsamt"), neuerdings auch Bastian Sick.
Bei Verstößen können Sprachtherapien verordnet werden, in schlimmen Fällen → Sprachknast.
Höchststrafe: Erwischtwerden durch Diskriminierungspolizei...
Sprachliche **Laienbewegungen** versuchen, sprachliche Regeln möglichst einfach zu formulieren, um ein Minimum an Befolgung zu erreichen, damit die Kluft zwischen Regeln und Befolgung nicht immer größer wird.

Solche Regeln hören sich etwa wie folgt an:
– Denke zuerst etwas, bevor du sprichst.
– Sprich nur so, wie du kannst. Vermeide Fremdwörter, um anzugeben.
– Sprich nur so laut, wie es für deine Gesprächspartner nötig ist. Auch deine wertvollsten Gedanken können für Andere lästig sein.
– Lerne die Kommaregeln. Wenn du sie nicht begreifst, schreibe einfache Sätze.
usw.

Sprach-Hölle

der Ort, wo die unbelehrbaren Sprachverbrecher mit Todsünden hin kommen. S. auch → *Sprachhölle* im Kapitel „Sprachjahrmarkt"

Sprachknast	→ Sprachvollzugsanstalt
Sprachkriminalität	→ Sprachverbrecher
Sprachverordnungen (SVo)	→ Durchführungsbestimmungen für die Sprachgesetze auf Länderebene, besonders für die Umsetzung im schulischen Bereich. Die SVo versuchen, mit aktuellen Entwicklungen Schritt zu halten. Dies führt aber auch dazu, dass z. B. Lehrpläne, nachdem sie endlich in den Schulen angekommen sind, schon wieder trendgemäß überarbeitet werden. Es gilt dabei das Prinzip „alter Wein in neuen Schläuchen" und die Regeln des trendgemäßen pädagogischen → *Korrektsprechs.* Größter Nachteil von SVo in Form von Lehrplänen ist, dass sie ohnehin einfach ignoriert werden. Deutschlehrer kennen meistens deutsche Literatur, aber nicht unbedingt die Feinheiten ihrer Muttersprache oder gar Methoden ihrer Beschreibung! …
Sprachschwerverbrecher	→ Sprachverbrecher
Sprachsünderkartei	noch nicht in Flensburg vorhanden. Schade! Diskutiert werden Versuche, mit Hilfe eines Punktsystems verschiedene Strafkategorien zu staffeln. Da es noch keinen Sprachführerschein gibt, kann es auch noch keinen Sprachführerscheinentzug geben.
Sprachverbrecher	Bezeichnung für Personen, die sich an der Sprache vergangen haben. In der Umgangssprache sehr unklarer, subjektiver Gebrauch: nicht jeder, der als S. bezeichnet wird, wird in eine → Sprachvollzugsanstalt eingewiesen.
Sprachversicherungsvertreter	→ Kapitel „*Spracharbeitsamt*" → auch: *Sprachversicherer.* Häufigstes Vergehen von Sprachversicherern ist es, dass sie oft nur versichern, etwas zu versichern.
Sprachvollzugsanstalt	Ort zur Aufbewahrung und Resozialisierung von → *Sprachverbrechern.*

Sprrrachführrrerrrr	Vorrrsicht vorrr allen Führrrrerrrn!
Syntaxverbrecher	Besondere Spezies, häufig aber eher harmlose sprachliche Kleinkriminelle; warum sich aufregen über Klinsis und Jogis „die, wo"-Relativanschlüsse. Dafür können Schwaben anderes...
Unwortverbrecher	Autoren von Unwörtern des Jahres. → *Banksprachler*
Wortverbrecher	Nicht viel besser als die → *Unwortverbrecher*. Zu den W. zählen alle Wortverhunzer, Fremdwortverhunzer, Fäkalsprachler usw.

Das Ende auf dem Sprachfriedhof

Hier ruht das Genitivobjekt ... und andere Leichen

© N. Thinnes

Requiescat „in Patsche"!

Auf Friedhöfen soll es still sein. Sie sollen Ruhe ausstrahlen. Zu Ehren derer, die nicht mehr unter uns weilen. Sie mussten uns verlassen. Sie haben ein würdiges Andenken verdient, in der andächtigen Stille ahnen wir etwas von ihrer vergangenen Größe ...
Es ist ein Ort der Trauer... sie waren eine Bereicherung. Sie hatten sich alle um die Verständigung verdient gemacht. Nicht wenige waren noch echte Originale von altem Schrot und Korn. Und wenn nicht – mit ihnen sind Traditionen und Werte verloren gegangen...
... auch wenn manche etwas gestelzt daher kamen. Und einen schikanierten mit ihren komplizierten Umgangswünschen. Ich entsinne mich da des Genitivs. Nicht jeder trauert ihm nach. Obwohl sich manch einer gern mit ihm sehen ließ und ihn für sein eigenes Prestige nutzte. Obwohl man sich nicht unbedingt mit ihm auskannte bzw.

auskennt. Wer ist schon in der Lage, das Genitivattribut vom Genitivobjekt zu unterscheiden? Da geht es manch einem wie mit der Unterscheidung der Gebrüder Humboldt, die wenigstens alle beide schon tot sind.

... auch wenn sie manchmal etwas langweilig-prätentiös waren! „Sintema(h)l", „alldieweil", allenthalben" ... Man litt schon fast mit ihnen und ihren plüschigen Benutzern. Verdienste hängen auch davon ab, was jemand geleistet hat. Manch einer war z. B. schon lange der Meinung, der Konjunktiv habe ausgedient. Oder: „hätte" ausgedient? *Ihrer Meinung nach braucht* man ihn einfach nicht. Andere *sagen* hingegen, *man brauche* ihn doch. Wenn man ihn wirklich bräuchte, könnte man ihn nicht umgehen – oder aber nicht mit ihm umgehen... Viele Vertreter seiner Familie sind schon unter der Erde: „ich löge", „ich schösse", „ich brächte" – man hat nur noch über sie gelacht. Für Kabarettisten ein gefundenes Fressen. Nun haben sie ihre wohlverdiente Ruhe.

Eine kritische Warnung an alle Sprachpädagogen: Soll man diese Ruhe etwa stören, indem man kichernde Schulklassen auf dieses Feld der Besinnung führt? Wie nachhaltig ist dieses Alibi-Erlebnis von Betroffenheit, wenn es sich in der Oberflächen-Betrachtung einiger plakativer Grabsteininschriften erschöpft?

Trotz der großen Fortschritte in der Reanimation wird es indes („indes"...) nicht gelingen, auch hoch geachtete Sprachbräuche wieder herzustellen, deren Unbequemlichkeit der ihnen gebührenden Hochachtung nichts anhaben kann. Oder doch? Wenn es offenbar eine erhebliche Zahl von Plagiaten gibt, bei denen das korrekte Zitieren auf der Strecke bleibt? Wenn Abschreiben sogar zum Parteiprogramm wird? Hätte Guttenberg von vornherein der Piratenpartei beitreten können und hätte er es dann auch getan – er hätte immerhin ein Minimum an Glaubwürdigkeit bewahrt. Die Krokodilstränen auf den Grabsteinen des korrekten Zitats täuschen leicht über die Dunkelziffer anonymer Todesfälle ohne Bestattung hinweg.

Soll man nicht einfach so manches in Frieden ruhen lassen, anstatt den natürlichen Gang der Dinge zu beklagen? Genauso wenig wie wir den Tod unserer Urururgroßeltern wirklich aufrichtig bedauern. Brauchen wir etwa alte dialektale Mengenangaben wie „Erwel" (‚Armvoll'), „Haafel" (‚Handvoll'), „Muufel" (‚Mundvoll') noch? Anders herum betrachtet: Mit ihnen wurde ein Stück sprachliches Zuhause zu Grabe getragen.

Sprachexperten befinden sich in der Patsche: Trauern über das Verschwinden des Althochdeutschen oder Begeisterung über seither höchst interessante Sprachwandelprozesse? Wie man es auch wendet – dazu passt die (verbürgte) lapidare Antwort eines desinteressierten Dorfbewohners gegenüber einem Dialektologen: „Lasst misch inn Ruuh mit eurer Dialektik!"

Lexikon

Sprachfriedhof

Da geht er hin und kehrt nicht wieder	Grabinschrift für einen verdienten Friedhofskehrer (leider abgeguckt bei „Asterix")
Erwel, Haafel, Muufel	dialektale Mengenangaben im Westmitteldeutschen, weitgehend in Vergessenheit geraten. *Erwel*: ‚ein Armvoll (Holz)' *Haafel*: ‚eine Handvoll (Mehl)'. *Muufel*: ‚ein Mundvoll,(~ ein Schluck...), gelegentlich noch zu hören in: „Soll ich dir das Brot in Mu(u)f(f)elchen schneiden?"
Fräulein, das	untergegangene (nicht nur Brief-) Anrede für eine sächliche Person weiblichen Geschlechts. Vor allem von den emanzipierten Fräuleins eher gewollter als bedauerter Untergang, so gesehen eine Art Sprachselbstmord. Der berechtigten Entsächlichung steht gelegentlich eine bedauerliche Entsachlichung in der Diskussion gegenüber.
Gäspe	→ vgl. o.: *Haafel*
Gebefall	veraltet für *Dativ;* in Todesfällen oft als Erbberechtigung fehlgedeutet
Gothic	Bezeichnung für eine untergegangene Sprachepoche vor ca. eineinhalbtausend Jahren. Gothic-Fans trauern diesem Untergang in düsterer Trauerkleidung auf Sprachfriedhöfen nach.
Grexistenz	Bezeichnung für ein Dasein, welches in der Vor-Grexit-Diskussion und danach Realität war. Gestorbenes Wort, noch ehe es geboren war.
Gruft der vermasselten Reime... und der vermasselte Pointen	So mancher Reim in der Popmusik, besonders bei Rappern, klappt nur deshalb, weil die Vers-Enden bis zur Unkenntlichkeit vernuschelt sind, aber unter Rappern gehört sich das so...

Aber auch in so genannten niwoovollen Schlagern gibt es „Reime" wie den (die) folgenden:

... wo wir uns selbst begegnen
Fallen wir mitten ins Leben
Wir gehen auf anderen Wegen.

Hier reimt sich gar nichts, und irgendwie muss der Verfasser das gemerkt haben und hat anstatt der üblichen Paarreime einen genialen (!) „Dreier" erfunden, bei dem der Zuhörer vor lauter schwammigen *e*-Lauten und *–en*-Endungen die Orientierung verliert und denkt: Irgendwas muss sich da doch eben gereimt haben... hab ich das etwa verpasst? Artikulatorisch wird das weiter so vervollkommnet:

> ...begegng
> ...Le(b)mm
> ...Wegng.

Vermasselte Pointen liegen häufig nicht am Verfasser, sondern an untalentierten Gesprächspartnern, die einem Erzähler genau dann ins Wort fallen, wenn er sich nach allen Regeln der Kunst die Pointe „einschussbereit" vorbereitet hat. – Untalentiert oder besonders fies? – Sinnvoller wäre hier eine Gruft der Pointenvermassler...

Bedauerlich sind vermasselte Pointen, deren Entstehung an kleinen Details scheitert, welche die Sprache einfach nicht mitmacht. Hätte das folgende Wortspiel z. B. geklappt, wäre die Werbung des VW-Konzerns nicht so langweilig:

Die Buchstabenfolge *VW* wird auf englisch gesprochen: [vi:dablju:], oder wie wenn es geschrieben wäre wie: *We double you!* Im Französischen bedeutet *doubler qn: ‚*jemanden überholen'. Warum gibt es kein englisches Verb *to double someone*, welches ‚überholen' bedeutet? – Man stelle sich einen Werbespot mit einem VW vor, in dem die Insassen voller Stolz das Markenzeichen „We double you!" aussprechen, während sie gleichzeitig ein anderes Fahrzeug überholen... aber leider... **vermasselt!**

Manchmal ermöglicht die Sprache (genauer: der Dialekt) aber auch eigentlich Unmögliches, wie im folgenden Reim eines österreichischen Liedes (R. Fendrich) deutlich wird:

Es läbä där Spoat (Sport),
Er is gesund und mocht uns hoat (hart)!
Ein deutscher Liedschreiber könnte diesen Reim nur vermasseln. In einem noch zu schreibenden Kapitel „Sprachdenkmäler" wäre diesem Reim auf jeden Fall ein solches zu errichten.

„Hier ruht..."   Immerhin noch eine Grabinschrift für ein → untergegangenes Wort, welches somit nicht ganz untergegangen ist.

Lehde   wüst liegendes Stück Land

Requiescat in Patsche   Da wurde jemandem unfreiwillig ein sprachliches Denkmal gesetzt.

sintemahl   *weil, indem*

Sprachdenkmal   „Der Simplicissimus ... äh ... handelt im Barock ... äh ... und ist ein Sprachdenkmal", referierte mal eine Schülerin, die diesen Ausdruck irgendwo aufgegriffen hatte, wo er Sinn machte.
Ein Sprachdenkmal wie z. B. das Nibelungenlied ist einfach ein Text, welcher nicht speziell zum Zweck der Sprachdokumentation verfasst wurde, der aber das Glück gehabt hat, in Form einer (oder mehrerer) Textausgabe(n) viele Jahrhunderte zu „überleben"...
Im eigentlichen Sinn **Sprachdenkmäler** sind alle Arbeiten wie Lexika, Sprachatlanten, Grammatiken, welche ihre jeweilige(n) Sprache(n) dokumentieren und wie ein Denkmal an sie erinnern. Sprachgrabsteine auf dem Sprachfriedhof sind ebenfalls Sprachdenkmäler.

Sprachfamiliengrab   sehr selten, da in der Regel nicht Sprachfamilien, sondern ungeliebte Eindringlinge in den Familienbereich, d.h. z. B. Randexistenzen in Form von Kleinsprachen so lange traktiert werden, bis sie aussterben.

Sprachgrab, Sprachgruft   letzte Ruhestätte ehrenhaft untergegangener Wörter auf einem Sprachfriedhof, zu unterscheiden vom

→ *Sprachschrottplatz*, auf dem Sprachschrott mit zu Recht kurzer Lebensdauer entsorgt wird.

Sprachleichen

undifferenzierte Bezeichnung für Sprachschrott (meistens Wortschrott) auf dem → Sprachschrottplatz sowie untergegangene Sprachen ohne offizielle Bestattung.

tote Sprachen

Im Unterschied zu → *Sprachleichen* werden tote Sprachen wie z. B. Latein oder Altgriechisch mit modernen Mitteln der Sprachpflege künstlich beatmet und am Leben erhalten. Somit kommen sie auch noch nicht auf dem Sprachfriedhof vor; der künstliche Erhalt in gymnasialen Sprachkliniken ist allerdings teuer, die Bevorzugung gegenüber anderen toten oder gar lebenden Sprachen umstritten.

untergegangene Wörter

Wirklich untergegangene Wörter stehen auch in keinem Lexikon untergegangener Wörter; denn die dort verzeichneten Wörter existieren wenigstens noch auf dem Papier.
Die so genannten Sternchenformen in der historischen Lautlehre bezeichnen eher untergegangene Formen, d.h. frühere Lautstufen, die aber als Vorgänger weiter existierender, aber veränderter Wörter rekonstruiert wurden – eigentlich eher wieder auferstandene Wörter.
Eine Fundgrube **untergehender** Wörter sind die Dialekte; viele Dialektwörter, die vor vierzig Jahren noch von der alten Generation aktiv benutzt wurden, sind heute unbekannt – falls sie nicht ein Dialekt-Wissenschaftler noch vor dem Untergang „erwischt" hat. Bsp. s. oben → *Erwel, Haafel, Muufel*.

Einkaufen im „Wühlwort"

Shopping beim Sprachdiscounter. Nicht alles, was billig ist, ist gut.

© N. Thinnes

Billigsprache und Schnäppchen

Vor nicht allzu langer Zeit galt es noch als verpönt („out"), in Billigläden seine Lebensmittel zu kaufen. Der Erfolg dieser Billigläden hat jedoch diese hochnäsige Kaufhaltung längst widerlegt, auch die Schickeria findet es längst „angesagt", die neuesten Billigangebote an teuren Sachen oder auch nur einfache Sachen weiterzuempfehlen. Auch beim Sprachdiscounter treffen sich mittlerweile all jene, die noch ein Minimum an sprachlichem Anspruch haben: „Besser zum Sprachdiscounter als auf Sprachschrott-Niveau!", hörte ich neulich am Sprachstammtisch. Das Bemühen um sprachliche Verbesserung ist entscheidend, auch wenn dabei die Gefahr besteht, manchen Lockangeboten aufzusitzen.

Natürlich darf man nicht die systematische Darbietung sprachlicher Produkte wie in einer Bibliothek erwarten; das wäre so unfair, wie wenn man einem Englischen Garten vorwerfen würde, dass er nicht nach der Systematik Linnés angelegt ist.

Natürlich gibt es z. B. ernste Rhetorik-Kassetten neben Scherzartikeln, Sprachböllern, Wühltisch und anderen Restposten. Doch gerade das Sprunghafte, Unvorhergesehene im nächsten Regal um die Ecke macht entspanntes Sprach-Shopping aus!

Natürlich ist der praktische Nutzen dieses Freizeit-Shoppens über jeden Zweifel erhaben. Wer hat nicht schon mal in einer Kuppelshow die klassischen Anmachsprüche von Wühlwort gehört! – Da wird einem armen, unbeholfenen Möchtegern-Charmeur auf „Bauer-sucht-Frau" – Niveau sprachlich unter die Arme gegriffen (was für eine Metapher! ... übrigens auch von Wühlwort!). Andererseits wird eine Angebetene sich gegebenen Falls wundern, dass man sich noch nicht beim Discounter begegnet ist, und sich auf zukünftige gemeinsame Spracherlebnisse freuen.

Also nichts wie hin! Überwinden Sie Schwellenangst, Berührungsängste und die Versagensangst, sprachlich nicht mithalten zu können! Aber auch die Ängste, beim Discounter erwischt zu werden! Wer kann Sie denn erwischen: doch nur, wer selbst dort ist!

Lexikon

Wühlwort. Sprachdiscount

1a Liter-Rationen

Alliterationen sind Abfolgen von Wörtern (oder auch betonten Silben), die mit dem gleichen Laut beginnen. Im Gegensatz zu Billig-Alliterationen in Massenmedien („Bumm-bumm-Boris") gibt es auch die klassischen Alliterationen wie **Rrr**oland der **Rrr**iese am **Rrr**athaus zu **Brrr**emen (naja, ein wenig geschummelt). Werden solche Stilfiguren literweise benutzt und sind sie gleichzeitig von erstklassiger Qualität, handelt es sich um *1a-Liter-Rationen.*

Satzreste

→ auch Kapitel *Sprachschrottplatz* (→ *Sprachmüll*)

Satzreste im engeren Sinn sind Gebilde, die es (noch) nicht auf den Schrottplatz geschafft haben, sondern vom Sprachdiscounter als Einzelstücke auf dem Wühltisch präsentiert werden. Meist nur kurze Äußerungen, im Gegensatz etwa zur → *Transrapidrede*

(→ *Sprachschrottplatz);* zu finden sind Satzreste in Wehner-Äußerungen wie der folgenden:

„Meine Herrn, solche Werturteile, wie es Sie mir entgegenschreien, machen auf mich nur den wehmütigen Eindruck, dass vieles von dem, wofür viele, und ich zusammen mit ihnen, von Anfang an eingetreten hat, umsonst gewesen ist."

Schachtelsätze

Diese Äußerungsform will beherrscht sein. Wie z. B. bei einem Deutsch-Leistungskurs-Schüler in einem Aufsatz: „Der Erzähler will die Position der Personen, welche sich zu diesen Aspekten, die zunächst nur als Nebensachen, die kaum wahrgenommen werden, erscheinen, äußern, veranschaulichen." Hut ab! Man versteht zwar den Satz nicht (das macht ihn noch beeindruckender), aber er ist grammatisch absolut richtig.

Im Gegensatz dazu eine verbürgte Feldwebeläußerung (Jimmi, sei gegrüßt!), die man immerhin einigermaßen versteht (der Mann redete immer so!): „Der Empfang der Verpflegung ist <u>um fünf Uhr</u> gehen wir dann <u>runter</u> geht es aber dann zackzack!" Leider kann man diese Äußerung nicht durchgehen lassen, aber trotzdem auch hier Hut ab! – Hier hat ein im Grunde naiver Sprecher (beschränken wir die Naivität mal auf seine Sprache) unwissentlich-genial eine zukunftsträchtige Methode zur Ökonomisierung von Sprache entdeckt. Anstelle komplizierter Verschachtelungen wie

Zum Empfang der Verpflegung,
welche um fünf Uhr ist,
gehen wir dann, um fünf Uhr, runter,
was aber dann zackzack vonstatten geht.

werden die unterstrichenen Bestandteile einfach in Doppelfunktion verwendet!

Also: Selbst bei der Vermeidung von Schachtelsätzen gilt also Vorsicht! Am besten ist es Schachtelsätze gleich fertig einzukaufen. Aber wiederum: Vorsicht vor Discountern!

Sprachblumen

Blumige Sprache, also nichts Anderes als Metaphern, welche, ebenso wie Blumen, nicht frischer werden, sondern im Laufe der Zeit welk und abgestanden wirken: „Der Schuldenberg ist mittlerweile der höchste Berg Deutschlands geworden." (FJS)

Sprachböller

Böller sind eine Art, laut und primitiv auf sich aufmerksam zu machen. Die allergewöhnlichsten Sprachböller, aber immer für einen Aufreger tauglich, sind Goebbels- oder Hitler-Vergleiche, dies schon zu Strauß-/Wehner-Zeiten bis hin zur Grexit-Krise.
Dass Friedrich Torberg in einer Parodie von „Katharina Blum" den Untertitel „Jetzt böllert,s!" wählte, war eigentlich, trotz der bissig-gekonnten Satire, eher schon eine abgestandene → Sprachblume, allerdings eher zu Ungunsten des parodierten Heinrich Böll.

Sprachhaushaltsartikel

Früher gehörte zu jedem Sprachhaushalt selbstverständlich auch eine **schriftsprachliche Grundausrüstung**: Notizzettel, Schreibwerkzeug, Briefpapier usw. – heute weitgehend durch Smart-Schreib ersetzt. Für den **mündlichen Sprachhaushalt** ist auf jeden Fall ein **Sprachsieb** zu empfehlen. Dieses bewirkt, dass aus einem potenziell nervigen oder (über)flüssigen Sprachbrei verwertbare, solide Substanz herausgesiebt werden kann. Voraussetzung ist allerdings der gute Wille vor der Äußerung; ist die Äußerung erst mal raus, kann auch ein Sieb nichts mehr ausrichten.

Sprachkonserven

Jeder Sprachhaushalt hat auch einen sinnvollen Vorrat an Konserven; man kann auch sprachlich nicht immer „frisch kochen". Das gilt nicht nur für den privaten Haushalt, sondern auch für den öffentlichen Sprachgebrauch – man denke nur an die sprachgeprüften Fußballreporter: Wird auf dem Platz nur Konservenfußball geboten, kann man getrost auch Sprachkonserven verwenden: „Ein Tor würde dem Spiel guttun." Der (!) sprachliche Tor ist aber eher töricht.

Sprachsalat

Das Bemühen, keine → Sprachkonserven zu verwenden, sondern frische, originelle Kost, führt gelegentlich zu Sprachsalat, d.h. zu einem wilden Durcheinander von Bestandteilen. Nicht jeder kann den besten Köchen *Ravioli bieten* ☺. **(nochmals die Empfehlung: „Fußballer und Fremdwörter" googeln!)**

Sprachstammtisch

Stammtischmitglieder sind, zumindest was männliche Kundschaft angeht, ein Hauptkundenstamm des Sprachdiscounters.

Sprachtiefkühltruhe

„Angesichts der bedauerlichen Ereignisse im Mittelmeer müssen wir versuchen, Europas Grenzen sicherer zu machen." – So oder so ähnlich sieht Rhetorik aus der sprachlichen Tiefkühltruhe aus. Die verschwiegene Bedeutung dieses Beispiels von (Sprach-) Kälte ist: „Es kommen Menschen im Mittelmeer um, deren letzte Hoffnung wir in Europa waren. Wir müssen sie auf jeden Fall abweisen, auch wenn dies für viele der sichere Tod ist."

Auch die folgende, gewohnheitsmäßig häufige, Formulierung einer Schulleiterin (und vieler „Führungskräfte") bei Festansprachen kommt aus der sprachlichen Tiefkühltruhe:

„Ich danke allen ganz herzlich, die ich jetzt nicht erwähnt habe."

Die hat nicht nur viele engagierte Personen nicht erwähnt, sondern sich schlichtweg nicht dafür interessiert, wer etwas geleistet hat. Das Wort *herzlich* ist dabei geradezu dreist und drückt nicht Wärme, sondern zynische Kälte aus.

Sprachschrottplatz

„Plagiate zum Restmüll!" Sprachökologie und Sprachmülltrennung

© N. Thinnes

Wohin mit dem ganzen Sprachmüll?

Als umweltbewusstes Volk fahren wir in regelmäßigen Abständen zum Wertstoffhof oder zur Deponie und entsorgen unseren Problemmüll, der bei der regelmäßigen Müllentsorgung nicht mit kann. Wir produzieren eine Menge Müll im Alltag, das ist normal, die Entsorgung ist ein Service, auf den wir, natürlich nur gegen Gebühren, eine Art Lebensstandard-Recht haben. Sondermüll kostet extra, auch das ist allgemeiner Konsens.

Als so genanntes Hochkultur-Volk produzieren wir eine Unmenge sprachlicher Äußerungen, vieles davon hat ein kurzes Verfallsdatum, anderes ist einfach unbrauchbar, die allermeisten Äußerungen bleiben schlicht unbeachtet, unkonsumiert. Die Entsorgung, sprich: das Vergessen, geschieht lautlos, und das ist gut so. Jeder hat ein Recht auf **Sprachmüll**; gemeint ist der selbst aktiv produzierte. Nicht jedes Wort ist druckreif.

Es ist hier allerdings nicht die Rede von den Unmengen an Papier, die für schriftliche Äußerungen verbraucht und entsorgt werden müssen. Sondern von mündlichen Äußerungen im Alltag, in den Medien, in der Politik.

Hat schon mal jemand nachgedacht, was es bedeutet, dass die Folgen für nicht alltäglichen **sprachlichen Sondermüll** der Allgemeinheit aufgebürdet werden und nicht den Verursachern? Diskutiert wird das dringend nötige „Recht auf Vergessen" im Rahmen des Datenschutzes. Komplementär dazu müsste es eine kostenpflichtige Eigenverantwortung bei der selbstaktiven Entsorgung **sprachlichen Problemmülls** geben. (Das klingt so kompliziert, dass es fast schon unter eine entsprechende Bestimmung fallen müsste...) Die Vorstellung einer entsprechenden **Sprach-Sondermüll-Deponie** zeigt, dass da einiges zusammen käme, allerdings nicht nur Berge von „Unwortmaterial": man stelle sich vor, dass all die Verursacher persönlich zur Entsorgung erscheinen müssten, die „Erfinder" von *Rentnerschwemme, Luftverschmutzungsrechte, Kollateralschäden, Kontaminierung, Bildungsmonitoring, Peanuts, Implementierung bildungspolitischer Features, Menschenmaterial* usw.

Das Problem, wie beim „normalen" Sondermüll, ist aber häufig: Keiner will es gewesen sein, wenn anonym abgeladen wird. Um Erfindungspatente wird gestritten, mit Abfall will keiner etwas zu tun haben. Selten wird einer in flagranti vor Kameras festgehalten wie im Falle der **„Peanuts".** Die meisten **Sprachkontaminierungen** haben sich längst breit gemacht, bevor nach dem Verursacher gefragt wird.

A propos: *Kontaminierung* im ursprünglichen, harmlosen Sinn heißt: ‚etwas durcheinander bringen', wie z. B. bei „Pass Acht!" als Vermischung von „Pass auf!" und „Gib Acht!" Ebenso harmlos soll es klingen, wenn von schwerer wiegenden Problemen die Rede ist. In diesem Sinne: Passt Acht auf die Sprachkontaminierer! Gleich beim Abladen. Bevor sie in der Anonymität verschwinden.

Lexikon

Sprachschrottplatz

Bildungspolitiker-Sprech

Monitoring, Featuring, Screening, Coaching, Implementierung usw., so lauten die Imponiervokabeln des Bildungsbetriebs. Peinlich, wenn die Protagonisten oberflächlichen Wortgeklingels manchmal ihr eigenes Vokabular nicht so ganz nachvollziehen; unter gewissen Grundschulprofessorenkreisen in RLP ging eine Zeitlang ein scheinenglischer Ausdruck mit der Aussprache [in juus] um, so als würde es „in use" oder so ähnlich geschrieben. Gefragt, was sie damit meine, buchstabierte eine Vertreterin (Professorin!) dieser Fremdwortspezies den lateinischen Ausdruck *in nuce* (,im Kern', ,kurz gefasst'), ohne zu wissen, dass es sich dabei um Latein handelt und dass der Ausdruck auch im Englischen ein lateinisches Fremdwort ist.

Eine andere Heldin vom Bildungsministerium, die erwiesenermaßen nichts von Statistik verstand, versuchte Sachverstand vorzutäuschen mit Hilfe des Imponierwortes * **„Konvidenzintervall"** (statt *Konfidenzintervall*).

Biosprachmüll

1. Faule Ausreden, faule Rhetorik usw., d.h. alles, was leicht kompostierbar ist und in sich selbst zerfällt; meist mit unangenehmem Nebengeruch. – Die Dentalfäule, ebenfalls mit hochgradig unangenehmem Nebengeruch, außerdem oft Ursache schlechter Artikulation, besonders von Dentallauten, hat zwar ähnliche Symptome, kann aber nicht dem Sprachkompost zugeführt werden. Als Sprachvergehen (→ Kapitel „Sprachknast") unterliegt sie anderen Sanktionen; meist wird sie aber nur als Kavaliersdelikt, also leichteres Vergehen, betrachtet – obwohl es gerade für einen Kavalier nichts Schlimmeres gibt…

2. Müll aus dem Biosprech, d.h. von vornherein alles, was das Attribut **Bio-** allzu leichtfertig vor sich her trägt (→ auch: Ökosprech).

Blech

„Der redet Blech!" heißt nichts anderes als: „Das gehört auf den Sprachschrottplatz!" Spezielle Entsorgung beim sprachlichen Alteisen. Sprachliches Blech entsteht meistens, wenn minder intelligente Sprecher ihre dünnen, platten Rohgedanken sprachlich versilbern oder vergolden wollen. Im Gegensatz zu wohlklingender Sprache klappert Sprech-Blech.

Plagiate

Da plagiierte Texte trotz ihrer Anlehnung an zumeist nachahmenswerte Originale und wegen der Unfähigkeit ihrer Autoren insgesamt nur Schrottwert haben, ist ihre Entsorgung auf dem Sprachmüll eine Selbstverständlichkeit.

Ökosprech	ist eine spezielle Form des → *Korrektsprech* (siehe Kapitel „*Sprachfestung"*), bei welcher es sich um eine „korrekte" Maske handelt, die nur zur Tarnung dient. Beispiel ist der Begriff ~~Atommüll~~-*Endlagersuchgesetz*. Der durchgestrichene Teil würde, falls vorhanden, allzu offen auf die Gefährlichkeit des Anliegens hindeuten. Der Begriffsanteil *Gesetz* versichert, dass alles mit rechten Dingen zugeht. Der eigentliche → *Euphemismus* (s. Kapitel „Spracharbeitsamt") besteht aber darin, dass der Begriff eine Aktivität vortäuschen soll, nachdem viele Jahre lang einfach nichts dergleichen passiert ist.
Problemsprachmüll	kann nicht mit üblichem Sprachmüll entsorgt werden; z. B. sollte das Vokabular aus dem „Wörterbuch des Unmenschen" nur geschultem Fachpersonal zugänglich sein, damit es nicht in falsche Hände gerät oder gar recyclet wird und neuerlich sein Unwesen treibt. Zur Rücknahme von Problemsprachmüll, sprachlichem Giftmüll usw. sind die → *Sprachapotheken* (s. Kapitel) verpflichtet, die dafür spezielle → *Sprachgiftschränke* haben.
Sprachdeponie	Die S. umfasst auf einem Gelände die verschiedenen Entsorgungsbereiche für → *Biosprachmüll*, → Problemsprachmüll, → Sprachrestmüll, → Sprachschrott u. a.
Sprachentsorgung	Dringend zu unterscheiden ist die reguläre Sprachentsorgung gegen Gebühr (→ *Sprachentsorgungsgebühr*) von der stillschweigenden Entsorgung der Sprache überhaupt; wobei der Euphemismus *Entsorgung* durch *Zerstörung* zu ersetzen wäre.
Sprachentsorgungsgebühr	*Sprachentsorgungsgebühr* ist der allgemeine Oberbegriff für alle Abgaben (→ auch: *Sprachsteuer*) zur Entsorgung unbrauchbarer bzw. kontaminierter Sprache (→ Sprachkontaminierung). Letztere wird nicht von der allgemeinen Sprachsteuer erfasst, sondern mit besonderen Gebühren belastet.

Sprachkompost	→ *Biosprachmüll*
Sprachkontaminierung	→ Kapitel *„Spracharbeitsamt"* → *Sprachkontaminierer*
Sprachmüll	Oberbegriff für alle Arten nicht mehr brauchbaren oder schädlichen Vokabulars.
Sprachökologie	→ *Sprachverschmutzung*
Sprachrecycling	→ *Wortstoffhof*
Sprachrestmüll	alle Arten von Sprachabfall, außer → *Biosprachmüll*. Meistens geschieht die Zuordnung zum Restmüll in der Praxis dadurch, dass sich jemand nicht über die genauen Kriterien im Klaren ist. Häufig z. B. bei Deutschlehrern der Fall, die Geschriebenes als Müll deklarieren, aber eigentlich nicht so genau wissen, um was für einen Fehler es sich genau handelt.
Sprachschrott	Im Gegensatz zu sanft entschlafenem und nicht mehr benötigtem Vokabular, das auf dem → *Sprachfriedhof* (s. das Kapitel) ruht, handelt es sich bei Sprachschrott um Wortmaterial, das sich trotz häufigen Gebrauchs als wertlos, hinderlich oder umweltunverträglich erwiesen hat.
Sprachschrottplatz	spezielle Abteilung der → *Sprachdeponie*
Sprachsondermüll	→ *Problemsprachmüll*
Sprachsteuer	zweckgebundene allgemeine Abgabe zur Sprachentsorgung für Berufe mit hohem Anfall an Sprachschrott (Moderatoren, Reporter, Lokalredakteure, u.v.a.) . → Kapitel *„Spracharbeitsamt",* → Kapitel *„Sprachknast"*
Sprachverschmutzung	Allgemein für alle Prozesse, die in ihrer Summe zur Verschmutzung von Kommmunikation oder zu dreckiger Sprache führen. Das durch die Medienentwicklung der letzten Jahrzehnte immer mehr

angeheizte Sprachklima hat den Pegel trüber Sprachbrühe bereits spürbar ansteigen lassen.

Dies hat zum Entstehen einer *Sprachökologie* als Gegenbewegung geführt, in welcher eine von Schadstoffen befreite natürliche Sprache gefordert wird.

Problematisch werden dabei **Gender-Bemühungen**, wenn sie übertrieben werden: Wenn statt „Studenten und Studentinnen" das Wort „Studierende" vorgeschlagen wird, ergibt sich statt „studentenbezogen" : „studierendenbezogen" – und wirklich schlimm, statt „studentisch": „studierendentisch" (oder „studierentisch"?). Da führt Bemühung um saubere Sprache paradoxer Weise (oder logischer Weise?) zu **Sprachmüll**!

Wahrhafter **Gedanken-Müll** liegt indessen vor, wenn ein dümmlicher **A**bgeordneter **f**ür **D**ummheit hinter dem Wort „Stauende" eine durch „Gender-Wahnsinn" verursachte weibliche Form vermutet und sich darüber im Parlament auslässt; er redete von einer Verkehrs-Meldung, in welcher es um das (!) Stau-Ende ging...

Transrapidrede Stoibers

...ein Paradebeispiel politischen Sprachmülls. Hier redet jemand zuerst und denkt erst danach (oder auch gar nicht); daher hier eine Kostprobe:

„Wenn Sie ... vom Hauptbahnhof in München ... in zehn Minuten ... ohne dass Sie am Flughafen noch einchecken müssen ... dann starten Sie im Grunde genommen am Flughafen ... am ... am Hauptbahnhof in München starten Sie Ihren Flug ... zehn Minuten ... schauen Sie sich mal die großen Flughäfen an ... wenn Sie in Heathrow in London ... oder ... sonstwo ... meine seh ... Tscharl de Gaulle ... äh ... in Frankreich oder in äh ... äh in Rom ... wenn Sie sich mal die Entfernungen ansehen ... dann werden Sie feststellen, dass zehn Minuten ... Sie jederzeit locker in Frankfurt brauchen (um) Ihr Gate zu finden. Wenn Sie vom Flug ... vom ... vom Hauptbahnhof starten ... Sie steigen in den Hauptbahnhof ein ... Sie fahren mit dem Transrapid in zehn Minuten an den Flughafen in ... an den Flughafen Franzjosefstrauss, dann starten Sie praktisch hier am Hauptbahnhof in

München. Das bedeutet natürlich, dass der Hauptbahnhof im Grunde genommen näher an Bayern ...
an die bayrischen Städte heran wächst, weil das ja
klar ist, weil,s auf dem Hauptbahnhof viele Linien aus
Bayern zusammen laufen."

Wortstoffhof

Auch aus Sprachabfall kann man noch etwas
machen. Sogar dadaistische Gedichte, Wortcollagen
usw.

Der sprachliche Rummelplatz

Strategien des Verkaufens und Anpreisens. Metaphern und flotte Sprüche

Sprachgeisterbahn und anderer sprachlicher Horror

Es ist nicht nur so, dass man auf dem Jahrmarkt Sprache vorfindet. Sprache selbst ist ein Jahrmarkt der Eitelkeiten, ein ein Rummelplatz, auf dem sich viel Lautschreierisches tummelt, auch abgegriffenes Warensortiment (wie die eben benutzten Metaphern): Es ist Vorsicht geboten, mit wem man sich einlässt – nicht jedes Angebot ist seriös. Wer den **(Auf)Schneider** W. Strapinski immer noch nicht kennt, der wird sich wundern, dass nicht alle seine Versprechungen zuverlässig sind. Dass aber Kleider Leute machen, ist grundsätzlich nicht zu bezweifeln, und extra hohe **Sprachstiefel** als Schutz im tiefsten **Sprachsumpf** sind sicherlich etwas Nützliches.

Eine sehr zweischneidige Sache unter den angebotenen Sprachwerkzeugen ist der **Sprach-Kärcheur** von der frz. Firma Sar & Kozy, welche in ihrer aggressiven Werbung mit ihrem Wundergerät eine sprachliche Reinigung von allen minderwertigen Sprachelementen verspricht. Die Nutzung dieses Gerätes erfordert genaue Kenntnisse und Fingerspitzengefühl bei der Einstellung: eine genaue Dosierung und Wahl des Reinigungsmodus sind unabdingbar: „Reinigung", „Reduktion" oder „Tilgung". Ebenso die präzise Wahl des Reinigungsfeldes: „Fremdwörter", „Proletenwortschatz", „Fäkalwortschatz", „historische Fehlentwicklungen im Wortschatz" usw. Geringste Bedienungsfehler können zu sprachpopulistischem Hyperaktivismus und xenophober Wortschatzarmut führen. Nicht nur Wörter wie *Computer* oder *Telefon*, auch *Fenster* oder *Pforte* wären von falscher Einstellung betroffen. Unter "Einstellung" ist sicher auch die des Bedieners zu verstehen, damit das Gerät nicht für Rausschmeiß-Argumente missbraucht wird (siehe auch die Bedienungsskizze im anschließenden Lexikon).

Meistens erkennt man die Qualität von Sprache ganz einfach an der Lautstärke ihrer Benutzer. Dies ist das Sympathische am Sprachjahrmarkt; denn da tritt Lautstärke unverhohlen auf, man überhört nichts und kann sich wappnen. Anders als bei subtilen sprachlichen → *Fallenstellern* oder → *Nebelwerfern* (s. *„Spracharbeitsamt"*). Wer auf den Sprachjahrmarkt geht, genießt und sucht auch mal das Aufschneiderische an Sprache, das gelegentlich ja auch originell sein kann.

Und mal ehrlich: wer hat schon wirklich Angst vor der **Geisterbahn**? Der dort angebotene **Sprach-Horror**, manchmal auch schon ziemlich abgedroschen, hinkt meilenweit hinter dem zurück, der sich täglich in den Medien ausbreitet – nicht immer kostenlos, aber auf jeden Fall unausweichlich.

Lexikon *Sprach-Jahrmarkt*

systematisch nach Sachgebieten

Ernährung und Bewirtschaftung

G. Würtz — ist ein typischer Sprachjahrmarktanbieter, der sich mit Erfolg an ein einfaches Publikum wendet mit einem viel versprechenden (manchmal auch lauten) Angebot:
- **die schärfsten Pointen**: Sprachpfeffer, bissige Schärfe, ironische Würze, Sprachketchup als Würze für Proleten
- **Sprachpuderstreuer**: verarbeitet bei einfacher Handhabung fachgerecht gefällige Adjektive, Einschmeichel-Formeln, Unverbindlichkeits-Floskeln, Abtönungs-Partikeln; wird auch von professionellen → *Nebelwerfern* (s. Kapitel *„Spracharbeitsamt")* gern benutzt.

Sprachmetzger — haben ein reichhaltiges Angebot, meistens aus eigener Schlachtung; u. a.
- **klassische Filetstücke** aus poetischen Hochzüchtungen
- **Lingual-Hack**: sprachliche Kleinstpartikeln, unsortiert, meistens aus bluttriefender Unterhaltungsware, manchmal aus gescheiterten Aufsatzabfällen. Vorsicht: leicht verderblich!
- **glibberige Sprachsülze** aus Silbereisens Intensiv-Anbau
Die Bezeichnung *Sprachmetzger* für ein ehrbares Handwerk wird leider gelegentlich auch für → *Sprachverbrecher* gebraucht.

Frisch vom Sprachbauernhof — Je nach Jahreszeit finden sich im Angebot:
- **Sprachvitamine**: Vitamin B, nützlich für alle Verhandlungen; „Gib ihm Saures!" – kraftvolle Sprachvitamin-Säure gegen alle verbalen Infektionsangriffe; Evas Sprach-Äpfel zum Verführen

– **Sprachdünger:** Bio-Sprachdünger mit → Öko-Sprech (s. Kap. „Sprachschrottplatz"); Sprachmist (manchmal ist ja Mist auch anregend und wirkt als Dünger für die Konversation)., Jauche und Häme (kübelweise); zur Wirkung vgl. → *Sprach-Mist*

– **Hausmacher-Sprache aus eigenem Anbau:** Grobianismen, schlichte Hauptsätze, Fremdwörter-Sieb, Retourkutschen-Fett ("Der hat sein Fett weg!"), ländlicher Humor („Kennsde den schon?", – „Ha'm wir gelacht!"), stereotype Lebenshilfe-Sätze für den Alltag *(Mer hat's nit leicht; die mache ja doch, was se wolle; da könnste stundelang druffhaue)*

Sprachwerkzeuge

Nirgends wird die Bedeutung von Sprache als Werkzeug (Humboldt, Bühler) so ernst genommen wie
auf dem Sprachjahrmarkt. Hier die wichtigsten Angebote:

– für Eigenbau- und Hobbyphilosophen: **Dünnbrettbohrer** von **Beckmann & Kerner**

– ideal zum schlagfertigen und unverschämten **Nachbohren**: Schlagbohrer von **Dreck & Blecker**

– **zum Draufschlagen**: Sprach-Hämmer von **Haudrauf & Blender**
– zum **Erbarmungslos-in-die-Zange Nehmen:** die Kombizange von **Eng&Länder**
– **für Rausschmiss-Argumente:** der Sprach-Kärcheur von **Sar&Kozy (Gebrauchswarnung! – siehe oben imText: „Der sprachliche Rummelplatz"!)**

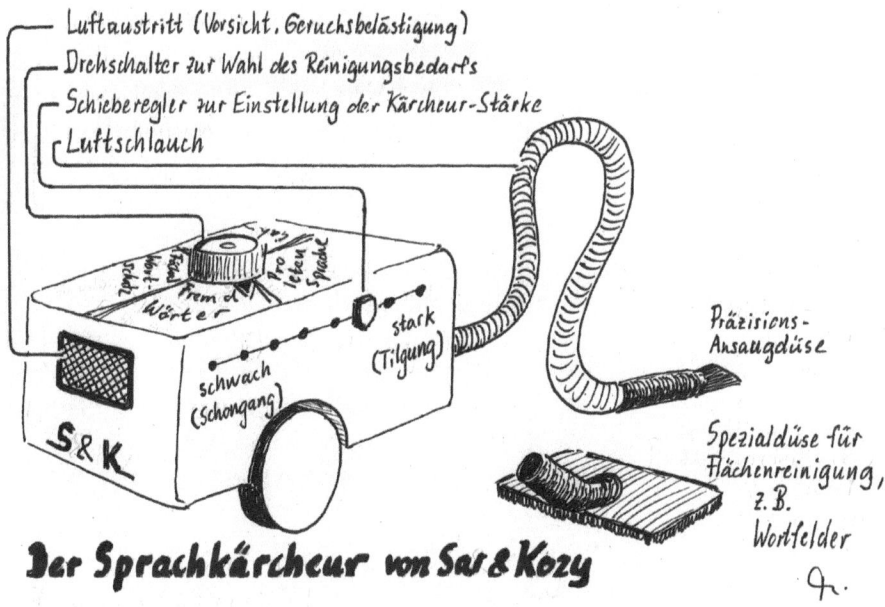

Luftaustritt (Vorsicht. Geruchsbelästigung)
Drehschalter zur Wahl des Reinigungsbedarfs
Schieberegler zur Einstellung der Kärcheur-Stärke
Luftschlauch

Wörter
fremd. Spra...
Modewörter
Pro leben. Sprache
stark (Tilgung)
schwach (Schongang)
S&K

Präzisions-Ansaugdüse

Spezialdüse für Flächenreinigung, z.B. Wortfelder

Der Sprachkärcheur von Sar&Kozy

– zum **Argumente- zurecht-Schleifen:** die neue „Politesse" von **Glatt&Windig**
– **flexibles Argumentieren** mit den öligen Scharnierteilen von **Kriech&Schleim**
– ideal **zum Jäten** von verschlungenen Satzresten, Unfug usw.: die Sprachharke von **Reich&Sicknitzky**
– für **Geheimdienst-Codes, Groschenblätter, Erlass-Sprache**: Sprachshredder von **Häcksler &Koch**
– gegen **Unkorrekt-Sprech:** der Sprachdetektor von **Wühlwort&Schnüffel**
– **Automatensprech** für Vielbeschäftigte: der mechanische Doppelgänger nach **Hermann Kasak:** Bei vielen Vertretern z. B. ist es nicht klar, ob sie es selbst sind oder ihre mechanischen Doppelgänger, die ihre Routinesprüche mechanisch herunterrattern.

Kleidung für den sprechenden Mann / für die sprechende Frau

Spätestens seit Gottfried Kellers „Kleider machen Leute" oder „Der Hauptmann von Köpenick" weiß man, wie wirkungsvoll Kleidung oder Uniformen sein können. Manche Sprachkleidungshändler leihen sich sogar die Namen der literarischen Vorbilder zu Werbezwecken aus. Man findet bei ihnen u. a.

- **Narrenkappen**: erlauben jeden sprachlichen Unfug, auch inhaltlich;
- **Sprachuniformen**: für angepassten → Korrekt-sprech (s. Kapitel „Sprachfestung"), mit Rangabzeichen/Schulterklappen für Imponiersprech, mit sinnfreiem Karnevalshumor-Brimborium, mit Sondertaschen für lustige Sprachkracher und -böller
- **Trachtenanzüge** für Heimatvorträge und Hausmacher-Humor
- **Sprachrüstungen**: effektive Abwehr stärkster rhetorischer Giftpfeile (s. auch Kapitel „*Sprachfestung*")
- **Hör-Sprech-Schnorchel** für → *Sinntaucher* (s. Kapitel „Spracharbeitsamt")
- **des Kaisers neue Kleider**: einfach mit n i c h t s etwas Großes vortäuschen, die Dreistigkeit lässt (fast) jeden verstummen.
- **Sprachstiefel**, extra hoch, zur Fortbewegung im tiefsten Sprachsumpf

Unterhaltung

Der Sprachjahrmarkt bietet die ganze Fülle moderner, poulärer Unterhaltung:

– **Sprachkarussell** mit Unterhaltungen, die sich im Kreis drehen

– **Irrgarten** mit Nebensatzverschachtelungen ohne Ausweg, Endloswiederholungen mit DJ-Halleffekt, gedanklichen Spiegelungen

– **Geisterbahn**, der sprachliche Horror! Zu erleben sind die lärmende Zotentheke, blutrote Korrek-turleichen, verbale Horrorskelette, die stinkende Sprachkloake, Sprachrülpser, die abgegriffensten Metaphern, die analsprachliche Fäkalecke, die schlimmsten verbalen Entgleisungen

– **Sprachhölle.** Für Personen, die mit Sprache sich selbst oder andere quälen. Auch mit Sadomaso-Abteilung. Beliebt bei Lehrern! (siehe auch Schlusskapitel *Sprachhölle*)

Konjunktionszange und Sprachmaschine

Mechanische Spracherzeugung ist längst Alltag

© N. Thinnes

Geheimnisse der Sprachwerkstatt

Haben wir die Finanz-Politiker, die Bildungspolitiker, überhaupt alle Politiker letztlich doch unterschätzt? Geben wir zu: man punktet zu leicht, wenn man über „die" Politiker herzieht, immer eine sichere Pointe...

Die sprachlichen Leistungen dieser verpönten Spezies lassen indes vermuten, dass sich da so manch einer ganz geheim in der Werkstatt von old Chomsky einiges abgeguckt hat! – Wie bitte? Sie kennen Noam Chomsky nicht? – Mit Verlaub, Sie Bildungsmuffel: Noam Chomsky gilt seit Jahren als der meistzitierte Intellektuelle weltweit! So etwas wie der Einstein der Sprachwissenschaft.

Nein, die Gebildeten unter Ihnen müssen nicht befürchten, dass jetzt ein Vortrag über „Generative Transformationsgrammatik" kommt – die Abkürzung dieses imponierenden Begriffsmonstrums lautet GTG. Der Begriff wirkt auf Nichtfachleute ungefähr so wie Einsteins „$E = mc^2$": bewunderndes Raunen, schnell als Erster vorbringen, dass man diese Formel irgendwie „kennt", dann ebenso schnell zu einem anderen Thema, bevor man wirklich nicht mehr mitreden kann.

Ein begabter Kommunikator kennt solche Schwächen seines Publikums und nutzt sie gnadenlos. Es ist zu vermuten, dass die meisten versierten Öffentlich-Sprecher oder Behörden-Leiter zumindest von einem Fitness-Schnellkurs „nach GTG" profitiert haben. Lassen wir mal die ironische Pointe beiseite, dass dies so wohl nicht den Absichten eines linken Herrschaftskritikers wie Chomsky entspricht. – Ein Blick in den Arbeitsraum eines Sprachgenerators, des Herzstücks der GTG, zeigt, wie einfach eigentlich das Herstellen („Generieren") möglichst zahlreicher Imponiersprech-Äußerungen ist, ohne dass man sich über jede einzelne Äußerung den Kopf zerbrechen muss.

Nun haben wir es im vorliegenden Fall (siehe Illustration) noch mit einem klapprigen alten Holz-Schieber-Modell auf Handbetriebs-Basis zu tun. Der Begriff „Schieber" soll hier nicht polemisch gemeint sein (wie die Schiedsrichterbeleidigung beim Fußball), sondern nur der Vereinfachung dienen da, wo der Fachmann von paradigmatischen (vulgo: „senkrechten") und syntagmatischen („waagerechten") Beziehungen spricht – Begriffe aus der Vor-Chomsky-Zeit. Wem die sprachlichen Resultate immer noch als zu hölzern erscheinen, der sollte bedenken, dass wir uns ja noch an der sprachlichen Oberfläche befinden, linguistisch ausgedrückt. Und dass dies ja auch im sprachlichen, politischen, pädagogischen, ökonomischen (usw. ...) Alltag meistens reicht. Ein wenig Poliermittel vom gängigen Stilmittel-Tisch, und schon hört sich das meiste recht

tiefsinnig an. Der französische Autor Raymond Queneau hat aus diesem Prinzip ganz offen Lyrik gemacht. Und manche vielleicht weniger offen...

Richtig „tiefsinnig" wird es, wenn man sich auf Chomskys Begriff der Tiefenstruktur einlässt und die Transformationen (das *T* in *GTG*), die zwischen Gedanken und bedeutungsgleichen Äußerungen möglich sind. Und wenn schon nicht tiefsinnig, dann zumindest effektiv, wenn man die aktuellsten Programme nutzt, welche auf elektronischer Basis sprachliche Leistungsfähigkeit simulieren. Warum bemühen sich so wenige um Durchblick, z. B. auch in den Lehrplänen und Lehrbüchern der Schulfächer, warum kümmert das elementare Funktionieren von Sprache nur eine Handvoll verschrobener Sprach-Junkies in linguistischen Seminaren? – Schade! Andernfalls ließe sich so mancher massenhafte Tiefen-Imponiersprech als durchschaubares Oberflächengequassel entlarven...

Bleibt noch zu erwähnen, dass der Generierungsapparat zu einem größeren Teil der Sprachwerkstatt gehört, in welchem zahllose Reparaturinstrumente herumstehen, auf welche der versierte Sprachhandwerker ständig zurückgreift ...

Lexikon

Sprachwerkstatt und Sprachgenerator

Capuccino-Sprech

Sprache der Population, die in anderen Quellen der „Latte-macchiato-Bohême" zugerechnet wird. Dabei kann dieser Personenkreis nicht mal das Wort aussprechen, nach dem er benannt ist: „Frollein, bringense mal,n Lattemachento!" ist eine oft gehörte Bestellung. – Der Cappuccino-Sprech zeichnet sich somit vor allem durch den Anspruch auf hohes Niwooo aus, verbunden mit „öfteren" (!?) Pannen. Vor dem → *Sprachknast* schützt die C.-Sprecher ihre Harmlosigkeit.

In der Sprachwerkstatt darf der C.-S. zur Simulation von Milieu-Sprech natürlich nicht fehlen (s. Levelator-Treppe/Abbildung).

Das/dass-Schablone

Wem eine syntaktische Analyse zu anspruchsvoll ist, der greift gern zur bekanntesten *Das/dass*-Schablone: „Wenn man *dieser,dieses, ein, eines* einsetzen kann, ...". Erfahrungsgemäß ist das immer noch vielen zu anspruchsvoll. Wer in der Sprachwerkstatt arbeitet, beherrscht natürlich diesen einfachen und zuverlässigen Kunstgriff. Aber Vorsicht vor Billigschablonen von Sprachdiscountern: „Spricht man es kurz..." und ähnlicher Unfug.

E-Stil

Vorläufer des E-Stils (elektronischer Stil) sind im Handel erhältliche „Phrasendreschmaschinen" (Straelener Manuskripte Verlag) oder einfache, manuell bediente Sprachschieber bis hin zu gigantischer Größe (s. Abbildung). Der Siegeszug der Informatik erlaubt die Simulation der „Schiebe-Operationen" in Sekundenbruchteilen und auf handlichen Displays.

Eine Überwindung des Niveaus von Google-Sprachpannen (bes. „Übelsetzungen") bringt ungeahnte Möglichkeiten der Sprachproduktion mit sich; bei syntaktischer Korrektheit vermögen nur wahre Kenner noch das produzierte Sprachallerlei von authentischem Material zu unterscheiden. → auch Kapitel **Spracharbeitsamt**

Fluchkoffer

Vorrat an Flüchen, sicher verpackt. s. auch → *Fluchtherapie* im Kap. *Sprachapotheke*

Generativer Transformator

Eigentlich ein Begriff zum Angeben: keiner versteht ihn, aber alle raunen verständnisvoll, bis hin zu den Bildungsministerien. In einer Sprachwerkstatt ist ein GT allerdings eine pure Selbstverständlichkeit. Wie bei Automobilen weist das „GT" auf besondere Fähigkeiten dieses Apparates hin. Kurz und gut, der GT kann das umformulieren, worauf jeder sowieso käme, aber eben automatisch.

Hammer-Stil → auch:
Stil-Hammer

auch als **Haudrauf-Stil** bekannt. Dem Hammerstilbenutzer ist keine Gelegenheit zu schade, kein Anliegen so pietätvoll, als dass er nicht mit voller Wucht seine Wirkung zu entfalten versucht.

Hierarchiemarker

Was beim Militär die Schulterklappen, sind die H. in der Sprache: für jeden sichtbare Zeichen der eigenen

Bedeutung. Solche „Duftmarken" der Überlegenheit ergeben sich gelegentlich sogar durch Weglassen, in Kombination mit Lautstärke, Schärfe im Ton u. a.: ein lautes „Müller!" anstatt eines höflichen „Herr Müller,..." zeigt an, dass hier jemand etwas zu sagen hat. Besonders perfide ist ein pseudo-höfliches, langgezogenes „Herrr Doktooor!" von einem ranghöheren Vorgesetzen, der die höhere Qualifikation eines „Niederen" nicht ertragen kann.

Indicators

in der Regel unfreiwillige Selbstentblößungen von Sprechern; typischer Fall ist das Wort *geil,* das in Verbindung mit dem → Spracharmutsindex in kurzer Zeit eine Einstufung des Sprechers erlaubt.

Konjunktionskoffer

ist für den Sprachbastler das, was für Moderatoren von Fortbildungen der „Moderationskoffer" ist: ein unentbehrliches Hilfsmittel, um auf möglichst unangestrengte Weise tiefsinnige Operationen vorzutäuschen: Ein Griff in den Moderationskoffer, und mit runden und eckigen Pappschildchen sowie farbigen Stiften werden Strukturierungen und Zusammenhänge vorgetäuscht.
Eine klassische Anwendung des Konjunktionskoffers ist bekannt aus den Beispielen:
A *Fritz geht nicht zur Schule. Er ist krank.*
B *Hans geht zur Schule. Er ist krank.*
Die beliebige paarweise Anwendung von Konjunktionen wie *weil, obwohl, ohne dass, bevor, nachdem* usw. verleiht diesen Äußerungen ungeahnten Tiefsinn. S. auch → *Konjunktor* im Kapitel „Spracharbeitsamt"

Konjunktionszange

Wenn es mal mit dem einfachen Griff in dem → *Konjunktionskoffer* nicht klappt, muss die K. ran. Nicht nur bei Profis, auch im Alltagsgebrauch hat sich die Konjunktionszange bewährt, z. B. bei Äußerungen in Ehestreitigkeiten wie:
Draußen *ist schlechtes Wetter. (Und) Du gehst mir auf die Nerven.*
Unreflektiert hergestellter Zusammenhang:

Draußen *ist schlechtes Wetter, sodass (auch) du mir auf die Nerven gehst.*
Bearbeitung mit Konjunktionszange:
Draußen *ist schlechtes Wetter, weil du mir auf die Nerven gehst.*

Lexikalischer Schraubstock* Sprachliches Altmetall („Der redet Blech!") wird häufig nochmal im Schraubstock zurechtgebogen, um ihm mit brachialer Gewalt Sinn zu entlocken. Vor über hundert Jahren entstanden so „geschraubte" Bilderwelten wie „auf dem Schlachtfeld der Ehre mit Blut und Eisen geschmiedet!" ...

Linguistischer Giftschrank → *Sprachapotheke* → *Sprachschrottplatz*

Positionsnägel Die Übergänge von einfacheren P. („isso") zu komplexeren P. („Da gibt es nichts zu deuteln!") sind fließend. Noch mehr Halt bieten **Positionsdübel** („Basta!", „Schluss, fertig!" usw.).

Rohling: unbearbeitete Sprachäußerung, mit der sich aber „was machen lässt". Siehe das Beispiel unter → *Konjunktionszange*

Runtermacher Die R. sind sehr vielfältig, Anwendungen längst nicht ausgeschöpft, die (interdisziplinäre) Forschung in den Anfängen. Die linguistische Runtermacher-Forschung unterscheidet naturgemäß nach syntaktisch-lexikologischen Gesichtspunkten, so z. B. adverbiale R. (*wohl: Der hat wohl...*), nominalen R. (alle Arten von sog. Schimpfwörtern); zu den Ergebnissen der Hierarchologie s. → *Hierarchiemarker*.

Spracharmutsindex Verwendungshäufigkeit von Spracharmuts-Indikatoren pro Zeiteinheit, also z. B.: *geil!*/min oder *boah!*/min u. a.

Sprachkontaktspray Vielfach missverstanden wurde das Standardwerk von Uriel Weinreich, „Languages in Contact", durch eine Französischübersetzung („Langues en contact") als Anleitung zum Zungenkuss, was an der Doppeldeutigkeit von frz. *langue* liegt. Natürlich ist nicht auszuschließen, dass intensiver (multi-) sprachlicher Kontakt letztlich zu einem Z. führt. Da die genaue Wirkungsweise von Sprachkontakt-Sprays weder bekannt noch verlässlich nachgewiesen ist, werden sie auch gelegentlich zu den klassischen **Sprachplacebos** (→ *Sprachapotheke*) gerechnet. Dennoch darf es in keiner Sprachwerkstatt fehlen.

Sprachölkännchen	→ **Wortrost**

Sprechwürze

sehr verbreitetes Hilfsmittel. Vgl. daher Kapitel → *Sprachjahrmarkt*.

Stereotypes

Früher auch als **Platituden** bekannt; wie auch immer: „Es is wie's is."

Stil-Hammer*

Werkzeug für den danach genannten **Hammer-Stil**. Aufschlussreich sind häufige Rechtschreibfehler beim Plural dieses Terminus. Wenn von „Stil-Hämmern" die Rede ist, ist oft die Schreibung „Stil-Hemmer" vorzufinden. In diesem Fall liegt keine sog. Freudsche Fehlleistung vor, sondern eine naiv-natürliche Unsicherheit, welche den Hammer-Stil unwillkürlich mit Stil-Verhinderung (Hemmung) in Verbindung bringt.

Transformativer Generator

Der **TG** funktioniert einfach so (**siehe Illustration S. 93**): Ein Generator mit sechs vertikalen „Schiebern", auf denen jeweils 10 gegen einander austauschbare (!) Formulierungen stehen, kann 10^6" – das heißt eine Million! – verschiedene Äußerungen erzeugen. Mehr, als jedes politische Programm jemals benötigt. Man glaubt zwar, das irgendwie schon mal gehört zu haben, aber in dem Fall kommt es nicht zum reflexartigen Plagiatsvorwurf, sondern der korrekt konstruierte Imponiersprech erzeugt so etwas wie Vertrautheit, als hätte man es selbst so sagen wollen.

Turbosprech

gelegentlich auch als „Oettinger-Deutsch" bekannte Sprechweise, deren Hauptmerkmal die Wortzahl pro Minute ist. Turbosprech ist meistens auch mit „Dauersprech" verknüpft.

Als Maßeinheit gilt ein O/min (sprich: „ein Oettinger"), dies entspricht etwa 200 Wörtern pro Minute.

Vokaldehner	eigentlich kaum noch benutztes bzw. benötigtes Instrument von eher historischem Wert. Man nimmt an, dass dieses Instrument vor Jahrhunderten eher in behäbigeren Dialekten (Ostbairisch*) ausgiebig benutzt wurde. Angebracht wäre heute dort eher ein **Vokalkürzer,** der bei allzu ausgiebiger Nutzung allerdings eher zu einem preußisch-zackigen Idiom führen würde, was sich bei der Antipathie beider Dialekte von selbst verbietet.
Tiefenstruktur, Tiefenstruktur-vortäuschungskomponente	vgl. → *Konjunktionskoffer, Konjunktionszange*
Wortrost	selten gebrauchte Beschreibung von Sprachmaterial-Zuständen. Indirekt lässt sich jedoch erschließen, dass überall dort Wortrost vorliegt, wenn von öligem Sprachgebrauch im Zusammenhang mit Schmeicheleien die Rede ist. Alle Moderatoren von Billigshows benutzen z. B. kräftig das Sprach-Ölkännchen, wenn sie dem Publikum ihre öligen Komplimente machen („bestes Publikum" ... „ganz besonders glücklich, hier in ...äh (wo nochmal?) ... zu sein...").

---

* Um Diskriminierungen und Rückschlüsse auf die Denkweise zu vermeiden, wird dieser unverfängliche Terminus hier der konkreten Nennung „Österreichisch" vorgezogen.

Mitten in der Sprach-City

Überall geht es zum Thema Sprache...

© N. Thinnes

Die besten Angebote

Es ist ein besonderes Gefühl auf der Hauptgeschäftsstraße einer City, man kann noch so sehr gegen alles Schrille und Laute, gegen alles Überladene und die Aufdringlichkeit sein: kein Vergleich mit der düsteren Spracharmut eines Provinzkaffs: drei Wörter auf 500 Meter, ein Straßenname und ein gelbes Schild an einem Stromkasten: „Vorsicht Hochspannung!" Von wegen... Welche sprachliche Buntheit hingegen in der Großstadt! Natürlich sind da die „bösen Verlockungen" der Großstadt, das **Sprach-Casino**, ein perfide englisch getarntes Angebot für Sprach-B. -Nutzer („B. Use"!), hinter dem sich lexikalische Schmuddelware verbirgt, ein Hinweis auf den Fluch-Hafen, außerhalb natürlich, weil es da laut zugeht. Harmlose Sprach-Bastelstuben mit etwas geschmacklosen Anregungen für AnalPHABETEN dürfen nicht fehlen; die typischen Kurzzeit-Läden mit ihren Billigartikeln, die ebenso schnell kommen wie gehen, mit allem, was man nicht braucht, aber gern mal durchwühlt: **Satzklammern, Redereste, Gemeinplätze**, preiswerte Ideen-Schubladen, billige Bindemittel für Zusammenhang... – alles dominiert von **„Wühlwort",** dem größten Billig-Kaufhaus dieser Art.

Andere Angebote sind wie gemacht für das Leben in der Großstadt, für den Großstadtsprech: Trainingscenter für Correctsprech oder Modernsprech haben Hochkonjunktur. Und gleich nebenan ist die **Sprachrechtsabteilung**, in anderen Niederlassungen auch: *Rechtsprach- (oder: Rechtssprach-?) Abteilung*, für die nicht ausbleibenden juristischen Zweifelsfälle. Meistens in Kooperation mit Sprachrechtsversicherungen, die nicht den besten Ruf haben (s. Kapitel „Spracharbeitsamt"). Da klingt die Sprachkasino-Einladung gefährlich-motivierend mit ihrer Aufforderung, sein Sprachglück aufzusuchen: „Jedem kann ein Satz gelingen." Manchmal aber auch erst nach vielen Fehlversuchen oder gar nicht.

Für Sicherheit sorgen die **Sprachbanken**. Sprachkonten sichern den seriös erarbeiteten persönlichen Sprachbestand, der im Laufe eines Berufes seine Zinsen abwirft. Viele, die eine schwere **sprachliche Hypothek** mit sich herumtragen, können diese ganz einfach abstottern, auch wenn dies nicht die eleganteste Art in Zusammenhang mit Sprache ist. Mit „Sprach-Riestern" kann man sich für das Alter absichern, gegen Nachlassen der Sprache. Die Sprachdemenz lässt sich so zumindest hinauszögern. Die Sicherheit eines Euro-Wortes ist eine Bank! Noch. Warnungen vor inflationärer Sprache sind nicht zu überhören...

Lexikon

Sprachstadt

Eurowort	analog zum berüchtigten „Ehrenwort" der Ausdruck für verloren gegangenes Vertrauen in europäische Verständigung
Fluchhafen	siehe → *Fluchtherapie* (Kapitel *„Sprachapotheke"*)
K. Lauer	Inhaber einer Kette von → *Sprachbastelstuben*
Spracharena	Veranstaltungsort für Poetry-Slams, Quasselshows usw.

Sprachbastelstube

Die S. ist für den Sprachfreak das, was für den Hobby-bastler der Baumarkt bedeutet. Hier findet der Eigen-bau-Sprachler alles, was er für sein mehr oder minder ausgereiftes Eigenbau-Tun braucht: Satzklammern, günstige Redereste (besser sortiert als bei → *Wühlwort*), Sprechhülsen und überhaupt alle Arten von Sprachwerkzeugen (ausführlich zu den Sprachwerkzeugen siehe Kapitel → „Sprachjahrmarkt").

Sprach-Casino

Für Personen, denen sprachlich noch nie etwas durch Qualifikation gelungen ist und die es mit Glück und Geldeinsatz versuchen wollen.

Sprachschule

...gibt es überall

Sprachumtausch

1. Analog zum früheren Geldumtausch kann man hier bei Ankunft im neuen Land die Sprache umtauschen. Die Wechselkurse sind allerdings recht unterschiedlich und kompliziert, z. B. ist ein Umtausch ins Englische sehr viel einfacher als ins Chinesische. Vorsicht vor Falschgeld bzw. sprachlichen Falschmünzern: „Lang tsu!" ist kein Chinesisch und bedeutet nicht „guten Appetit"!

2. Neuer Trend in Sprachschulen: Tut man sich schwer beim Erlernen einer Sprache, kann man sie umtauschen – oder die Lehrpersonen. Hat sich in allgemeinbildenden Schulen noch nicht durchgesetzt, zum Bedauern vieler.

3. a) Austausch defekter Sprachangebote b) Austausch misslungener Äußerungen mit dem Ziel des Ungeschehen-Machens („... habe ich (so) nicht gesagt!"). Juristisch oft schwierig. Siehe auch → *Sprachversicherer* (Kapitel „Spracharbeitsamt")

Sprach-Wegweiser

1. z. B. das vorliegende Buch
2. aber auch Hinweisschilder in Sprachstädten zu → *Sprachschrottplatz*, → *Spracharena*, → *Fluchhafen* usw.

Wühlwort

Billigsprachwarenkette, in welcher sprachliche Erzeugnisse minderer Qualität in unsystematischer Form dargeboten werden.

→ Kapitel *Im Wühlwort*

Die Sprachhölle

...technisch easy, inhaltlich fäkal...

© N. Thinnes

Eine Zeit in der Hölle...

... ist eine Lyriksammlung von Arthur Rimbaud; er beschreibt darin eine persönlich schwere Zeit, in der er durch die sprichwörtliche Hölle geht.

Die im Folgenden gemeinte Zeit sprachlicher Hölle ist ein gesamtgesellschaftliches Phänomen. „Die Hölle, das sind die Anderen" (Sartre) – aber immer mehr kommen zusammen: Vermeintlicher technischer Fortschritt in der Hand gedankenloser Dilettanten führt zu einer nie gekannten sprachlichen Reichweite mit Folgen, wie sie von aller Welt nicht nur in den USA beobachtet werden. Empirische Fakten und Wahrheit werden mehr und mehr verwässert, mit gesellschaftlich und politisch noch nicht absehbaren Folgen.

Zu unterscheiden ist dabei die Hölle, die Anderen durch die teuflischen Dilettanten oder Kriminelle bereitet wird, und die Hölle, durch die Betroffene gehen müssen.

An dieser Stelle weicht die Lust auf Satire der Besorgnis.

Lexikon

Sprachhölle

Ehehölle

Nur aus Gründen der Vollständigkeit soll dieses abgegriffene Stichwort *Ehehölle, Ehestreit* nicht fehlen. Hier müsste jetzt ein Buch folgen oder Verweise auf zahllose bereits vorhandene Bücher.

Fäkale Hölle

In der Hölle stinkt es bekanntlich, den Teufel soll man am Geruch erkennen. Stinkende Sprache erkennt man am Fäkalvokabular.

Fake/Antifake-Fake

beschreiben den Zustand aktueller öffentlicher Diskussionen über Fakten. Die Begriffe erinnern an die Verwirrung bei Spionagethrillern (Spionage, Gegenspionage, Gegenspionage-Enttarnung usw.) oder den Unfug militärischer Superaufrüstung mit Raketen, Antiraketen, Anti-Antiraketen (wieviel *Antis* gibt es da wirklich?) – kurzum: Keiner weiß mehr Bescheid, und das soll wohl so sein, damit z. B. eine Trump-Behauptung als gleichwertig mit seriöser Information erscheinen soll.

Hölen-Quallen

... ein Beispiel aus der Rechtschreib-Hölle.

Klein Gedrucktes

Download-Anhänge, Produktbeschreibungen, Garantiezettel, Verträge usw. – kurz: das, was man nicht liest, weil man es sowieso nicht wirklich versteht, es sei denn, man ist Masochist UND Rentner. Wer sich diese Hölle erspart, handelt sich aber womöglich ganz andere heiße Probleme ein.

„...ludernde Glot... äh ... glodernde Lut ... äh...“

höllische Versprecher Stoibers bei einer Bier(!)zeltrede...

Mobbing

in (→) *sozialen Medien* ist eine Art sprachlicher Lynchjustiz. Wer keine Feuerwaffe hat (oder auch), kann wenigstens mit Mobbing versuchen, andere zu vernichten.

Shitstorm	Kollektive Entrüstung, meistens wegen nicht ganz verstandener oder willentlich falsch verstandener Äußerungen; immer im Bewusstsein, für eine gute Sache einzutreten (mit dürftigen Zweizeilern). – Eigentlich aber eine gerechte Strafe für die, die auf Grund publikumsgeiler Eitelkeit glauben, jeden dürftigen Gedanken mit der Welt „teilen" (!) zu müssen.
„Soziale" Medien	Schauplätze von → *Mobbing,* Verschwörungstheorien, ungeprüftem Unfug – kurz: unter dem Anschein technischer Fortschrittlichkeit ein Tummelplatz für archaisches, bedrohliches Herdenverhalten.
Sprachboulevard	Muss man da noch Namen nennen?
Sprachfolter	trifft auf alle Stichwörter dieses Kapitels zu
Sprach-Sado/-Maso	Mein persönlicher Klassiker eines Sprach**sadisten** war (lang ist‚s her…) ein Lateinlehrer, der wehrlose Zwölfjährige regelmäßig mit den Worten traktierte: „Wann gehst du denn endlich ab?!" (gelegentlich ergänzt durch physischen Sadismus…) Sprach**masochisten** sind all diejenigen, die sich, trotz guter Bildungsvoraussetzungen, auf Medien einlassen, in denen nichts Anderes als → *Sprachschrott* zu erwarten ist, oder Leser, die immer wieder Botho Strauß lesen, weil sie auf Grund geglückter starker Formulierungen die Hoffnung nicht aufgeben, auch mal einen kompletten Text wirklich zu verstehen.
Steuererklärung	Die Krönung der bürokratischen Sprach- und Begriffsfolter, der man, im Gegensatz zum einfachen Kleingedruckten, nicht ausweichen kann. Die Alternative: Sprachhölle oder Strafhölle…
Verschwörungssprache, - theorien	Spitzendisziplin von Möchtegern-Gedanken-athleten, die wegen ihrer Kurzatmigkeit keine längere Denkstrecke ohne Stolpern oder Verirrungen zustande bekommen. Statt eines gelesenen Buchs von z. B.

nur 200 Seiten haben sie allenfalls 200 Kurztweets zum Thema gelesen, die sie auf Grund der Menge für unwiderstehliche Beweise halten – obwohl alle gegenseitig voneinander immer das Gleiche abgeschrieben haben. Methodische Inkompetenz und fehlende Ausdauer werden kompensiert durch ein weiteres Defizit: vulgärsprachliches Protzgehabe.

Früher waren das prätentiöse Studenten, die in ihrem ganzen „Studium" nie eine Proseminararbeit fertig bekommen haben, dafür aber umso mehr großmäulige Flugblätter mit zahlreichen Rechtschreib- und Grammatikfehlern, obwohl es sich bereits um Sprachhülsen von der Stange handelte.

Aktuell kommen solche „Theorien" aus allen möglichen Berufen, nur nicht aus denen, die etwas von Theoriebildung und empirischer Absicherung **verstehen** – oder „in der Mitte der Gesellschaft" **verstehen sollten.**

Nur aktuell? Seit zwei Jahrtausenden dominieren mythische Narrative (die Frau aus der Rippe des Mannes, Welterschaffung in sieben Tagen usw. usw.), über Jahrhunderte hinweg anerzogen, abendländische Kultur. Wieso wundert man sich da, wenn auch neuerdings rationales, wissenschaftliches Denken durch neue „Wahrheiten" ersetzt werden soll?

Grotesk ist es allerdings, wenn sich die neuen Pseudo-Anführer auch noch als Opfer inszenieren.

Verschwörungs-Sprachwaffen

Mit der Sprache verhält es sich wie mit Waffen: Es kommt darauf an, wer sie benutzt. Und ähnlich wie interkontinentale Bedrohungswaffen erlauben moderne Medien weltumspannend die Verbreitung von jeglichem gefährlichen Unsinn in kürzester Zeit.

Linguistische Landkarte zur sicheren Orientierung

Wo wurde die Valenzgrammatik erfunden – in Valencia? – Unsinn... Wo kommen die schlimmsten Ausdrücke her – aus Vulgarien? – Unsinn... Kommt der Duden wirklich aus Dudenheim in der Pfalz? ...

Schade, wie schön und interessant könnte doch eine linguistisch-grammatische Land- bzw. Weltkarte sein!

Aber was heißt hier „schade"? Es gibt sie, diese Karte, und das ist nur der Anfang. Wir gehen einfach mal davon aus, dass mit den Namen und Bezeichnungen auch linguistische Orte gemeint sein müssen – Topoi... Warum soll sich nicht der Sprachwissenschaftler auch seine Gemeinplätze erlauben?

Es soll nicht dasselbe passieren wie bei Touristen in vielen Orten: Man reist durch, liest die Ortsnamen und ist sich der Bedeutung(en) nicht bewusst, weder der Namen noch der Orte. Das folgende Lexikon soll dabei helfen, die Namen der linguistisch-grammatischen Karte zu entschlüsseln. Erklärt werden dabei alle Orte bzw. Gegenden, die vielleicht nur eingefleischten Fachleuten zugänglich sind.

Dass es natürlich nicht nur einen Stillen Ozean gibt, sondern auch einen Lauten Ozean geben muss, erschließt sich, wie vieles andere, jedem Sprachinteressierten von selbst.

Lexikon

Linguistische Landkarte

Alzheim

Dass die Alzheimer-Krankheit, die sich nicht zuletzt in sprachlichen Symptomen äußert, mit einem Ortsteil der Stadt Mayen in der Eifel zusammenhängen soll, ist nicht bewiesen.

Bellmann

Günter Bellmann, *Dialektologe;* Autor des **Schlesischen Sprachatlas** und des **Mittelrheinischen Sprachatlas**.

Bloomfield, Leonard

bedeutender Vertreter des amerikanischen Strukturalismus.

Chomsking	Dass **Noam Chomsky**, der „Erfinder" der generativen Transformationsgrammatik, der seit Jahrzehnten weltweit meistzitierte Geisteswissenschaftler ist, drückt sich in diesem Ortsnamen unmissverständlich aus: Er ist der King!
Dependenzien	→ *Tesnière*
dialektal	*a) dialektisch, Dialektik, b) dialektal, Dialektologie, *Dialekttal:* Das Adjektiv und das Nomen unter *a)* sind Begriffe aus der Philosophie; die beiden ersten Begriffe unter *b)* stammen aus der Dialekt-Wissenschaft, auch *Sprachgeographie* genannt. Ein *Dialekttal (hier soeben neu erfunden!) könnte man sich vorstellen als ein Tal, in dem (nur) Dialekt gesprochen wird.
Diss-Kurs	*Jemanden dissen*(von *to disrespect*) bedeutet bei Rappern soviel wie: ‚jmndn. runtermachen', ‚jmdm. keine Achtung zollen'. Ob insgeheim die Diskursregeln von Jürgen Habermas, dem weltweit wohl bekanntesten zeitgenössischen deutschen Soziologen/Philosophen, etwas mit einem Diss-Kurs, also einem Kurs zum Runtermachen, zu tun haben?...
Dudenhofen	naja, wer sich dabei nichts denkt...
Eco	Umberto Eco war, lange bevor er als Romanautor („Der Name der Rose") Weltruhm erlangte, als Verfasser des linguistischen Standardwerks „Semiotik" (→ *Semiotik*) bekannt. Wer die Romanhandlung in der mittelalterlichen Abtei kennt, weiß, dass es auch da um allerhand Semiotisches geht.
Effinger Niederungen	Wortkreuzung von *F-Finger* mit *Effenberg* (Fußballer), der seinerzeit durch eine einschlägige Aktion gegenüber dem Publikum von sich reden machte. Der Name *Effenberg* kann nicht darüber hinwegtäuschen, dass es sich eindeutig um sprachlich-kommunikative Niederungen handelt. → *Zotische Inseln*
Exklamatien	von lat. *exclamatio:* ‚der Ausruf'

Gewölbe von Palatalien	Wer hat nicht schon mal beim Zahnarzt bei der Gebissdurchsicht den Dentisten murmeln hören (damit die Zahnarzthelferin mitnotiert): **labial**... blahblah... **dental**...blahblah... **palatal**... blahblah ... **velar**... blahblah...! – Es handelt sich dabei um Ortsangaben mit der Bedeutung ‚auf der Seite der Lippen‘ (labial), ‚an den Zähnen‘ (dental), ‚am vorderen Gaumen‘ (palatal), ‚am hinteren Gaumen‘ (velar). Linguisten sind hier im Vorteil, denn sie verwenden dieselben Bezeichnungen für Orte, an denen verschiedene Laute gebildet werden. Labiallaute sind z. B. [b], [p], [m], Dentallaute sind z. B. [d], [s], [n] ein Palatal ist die lautliche Entsprechung des Schriftzeichens ch, velar wird die lautliche Realisierung des Schriftzeichens ng gebildet. Dass *palatium* auch etwas mit der heutigen Pfalz zu tun hat, ist eingefleischten Sprachkennern bewusst; ebenso, dass Gaumenwölbungen und Gewölbe der Weinkeller gerade in der Pfalz eng zusammenhängen...
Grimm, Gebrüder	Jacob und Wilhelm Grimm haben nicht nur „Grimms Märchen" gesammelt (eigentlich sind es „Volkes Märchen"), sondern sie gelten auch als wichtige Gründungsväter der Germanistik. Ein wichtiger Tipp für alle Prüfungskandidaten, die **vier** Wissenschaftler/Autoren aus der Zeit des 18./19. Jahrhunderts nennen sollen, beinhaltet die schlaue Antwort: „die Gebrüder Humboldt und die Gebrüder Grimm!" (macht vier!)
Große Zoten	→ Vulgarien
Großer Trubetzkoj	**Nikolaj S. Trubetzkoj** gilt als der eigentliche Begründer der Phonologie. Dies ist die Wissenschaft, welche zwischen einer unendlichen Fülle möglicher Laute mit Hilfe spezieller Klassifikationsprozeduren die in jeder einzelnen Sprache (bzw. in jedem Dialekt) relevante minimale/maximale Anzahl von bedeutungsunterscheidenden Einheiten (Phonemen) herausarbeitet.

Humboldt	Wilhelm von Humboldt, der Ältere der beiden Brüder, beschäftigte sich ausgiebig mit Sprachtheorie; der Jüngere, Alexander, war Weltreisender in Sachen Naturwissenschaft. Ihm zu Ehren wurde der *Humboldt-Strom* benannt – wohl ein unbewusst zutreffender Vorausgriff auf den Begriff → *Sprachströmung*. ☺ Der Begriff hat auch nichts mit „Bio-Strom" zu tun.
Indefinite Pronominalinseln	*ein bisschen, ein wenig, ein paar* u. a. sind Indefinitpronomina.
Interferenzien	Der Begriff *Interferenz* stammt ursprünglich aus der Physik. Gemeint sind damit z. B. Überlagerungen und gegenseitige Beeinflussungen von Wellen verschiedenen Ursprungs. Diese bildliche Vorstellung wird auch auf Sprachen und ihre gegenseitige Beeinflussung, besonders in Grenzgebieten, angewandt. Ein Beispiel wäre etwa der saarländische Ausdruck *Isch hann kalt* (wörtl. „Ich habe kalt") im Sinne von ‚Mir ist kalt' – beeinflusst durch das französische „J'ai froid". Siehe auch → **Weinreiche Hügel.**
Kakophonien	*Kakopho**nie*** (Betonung auf letzter Silbe), gelehrter Ausdruck für einen sprachlichen, musikalischen Missklang, Plural: *Kakopho**nien***; ein gewisser Dieter Bohlen nennt solche Missklänge in seiner musikalischen Casting-Show einfach **Kacke**. Wobei durchaus ein Bezug zur vornehmeren Ausdrucksweise **Kako...** besteht. jedoch: *Kako**pho**nien (Betonung auf vorletzter Silbe): (fiktive)Gegend, in der besonders viele Kakopho**nien** vorkommen.
Kleine Zoten	→ Vulgarien
Klippen von Dentalien	Dentallaute(siehe → *Gewölbe von Palatalien*) sind für nicht wenige Leute eine Klippe; man denke nur etwa an das Lispeln bei der Aussprache des dentalen **s**-Lautes, in der Politik bekannt als *Rüttgerssche S-Störung*.

Kompetenz / Performanz	Begriffspaar in Chomskys Grammatikmodell. *Kompetenz* ist die mentale Fähigkeit zur Erzeugung sprachlicher Äußerungen. Unter *Performanz* versteht Chomsky alle äußeren (Stör-) Faktoren, die nicht in erster Linie Gegenstand der Grammatik sind.
Labiale Sprechkatarakte	zu *labial* vgl. → *Gewölbe von Palatalien;* Sprechkatarakte sind zu beobachten bei Leuten, auf welche die Bemerkung zutrifft: „Der/die redet wie ein Wasserfall!" Gelegentlich auch begleitet durch gewisse Feuchtigkeit... Vgl. auch → *Sprechdurchfall* im Kapitel → *Sprachklinik*
Labovsche Höhenlinien	William Labov ist einer der wichtigsten Vertreter der Soziolinguistik. Bekannt sind seine statistisch ermittelten Diagramme, in denen gewissermaßen Höhenlinien sprachlicher Niveaus in verschiedenen Situationen dargestellt werden. Siehe z. B. den Aufsatz „Sprache im sozialen Kontext".
Lauter Ozean	Dass es im Stillen Ozean geschichtlich nicht immer still und leise zuging, ist eine Binsenweisheit. Eigenartiger Weise ist jedoch der Laute Ozean gerade der unbekanntere von beiden, zumindest dem Begriff nach. Dabei ist man tagtäglich gezwungen, sich in einem lauten Ozean sprachlicher → *Kakophonien* zu bewegen.
Lyons	**Kein Ort in Frankreich!** John Lyons ist ein bekannter Vertreter der Linguistik, bekannt vor allem durch eine umfangreiche Einführung.
Marburg-Virus	Das erste Marburg-Virus breitete sich, wie nur die wenigsten wissen, in der spezifischen Variante **Virus dialectologiae,** ausgehend von → Wenkers Sprachatlasinstitut in Marburg aus. Generationen von Dialektologen wurden davon infiziert, auch von einem speziellen **Veith**s-Tanz wird berichtet, bis heute ist das Virus nicht ausgerottet.

Meibauer

Meibauer, Jörg. Einführung in die germanistische Linguistik u. a. Einführungen in Teilbereiche der Sprachwissenschaft.

morphologische Verwerfungen

Die Morphologie ist eine Teildisziplin des Faches Erdkunde; dass es z. B. entlang von Erdplatten morphologische Verwerfungen gibt, weiß nun wirklich jeder, aber nicht, dass Morphologie auch eine sprachwissenschaftlich-grammatische Teildisziplin ist. Wer auch immer sich mit der Korrektur schriftlicher Arbeiten beschäftigt (oder mit t-online-Texten), dem tun sich bei Verwerfungen wie **mit einem gutem Beispiel* oder bei dem Ortsbürgermeister-Deutsch **diesen Jahres* wahre morphologische Abgründe auf.

Nebenhöhlen von Nasalien

Nasallaute, z. B. in *frz. bon, bien,* werden in der Nasalhöhle (über der Mundhöhle gelegen, durch den Gaumen, das Palatum, abgetrennt) gebildet.

Parsing

Es handelt sich hier nicht um einen Vorort von München, sondern um eine formale Prozedur, bei welcher ein Text formal so dargestellt wird, dass Hierarchien und „Verständnis-Pfade" und somit auch Bedeutungen klar und unmissverständlich erscheinen. Solche Prozeduren spiegeln auch (Miss-) Verständnisse beim Verstehen zweideutiger Äußerungen bzw. vorläufig zweideutiger Satzteile wider. Ein Beispiel:
*1 Dass der Lehrer **der Schülerin** einen Text aufgegeben hat...*
*2 Dass der Lehrer **der Schülerin** im Unrecht ist...*
Der gleich lautende Genitiv (2) und Dativ (1) bewirkt, dass dem Hörer/Leser nicht sofort klar ist, um welchen Kasus/Satzteil es sich handelt. Parsing-Untersuchungen bzw. −regeln beschäftigen sich damit, welche Deutungen von Hörern/Lesern bevorzugt werden bzw. wie und ab welcher Phase im Satz die Bedeutung klar wird (werden kann) bzw. wie solche Probleme formal (auch informationstechnisch) dargestellt werden können.

Im Allgemeinen wird ein Parser dazu verwendet, einen Text in eine Struktur zu übersetzen, z. B. in einen Syntaxbaum, welcher die Hierarchie zwischen den Elementen ausdrückt

von Polenz

Peter von Polenz: deutscher Linguist und Sprachhistoriker.

Saussure

Ferdinand de Saussure gilt als Begründer der modernen Sprachwissenschaft.

Semantik

Teilwissenschaft der → Semiotik. Die Semantik befasst sich insbesondere mit dem Objektbezug der Zeichen.

Semiotik

Wissenschaft von den Zeichen

Sprachenge von Regulatien

Wenn Sprache reguliert wird, wird's immer eng!

Sprachinseln

Sprachinseln sind Gebiete, in denen inselhaft innerhalb eines geschlossenen größeren Sprachgebiets A eine andere Sprache B von einer relativ kleinen Sprachgemeinschaft gesprochen wird. Es gibt/gab z. B. zahlreiche deutsche Sprachinseln in Osteuropa oder Nordamerika auf Grund von Auswanderern, die ihre Muttersprache beibehielten.

Sprachpandschurei

Ursprungsgegend so genannter Sprachpanschereien. Vgl. die alljährliche Auszeichnung als „Sprachpanscher des Jahres" durch den Verein Deutsche Sprache e.V.

Sprachströmung

ein vorwiegend aus der Sprachgeographie stammender Begriff, welcher „sprachliche Wanderungen", d.h. geographische Wanderungen sprachlicher Neuerungen, bezeichnet.

Stiller Ozean

→ Lauter Ozean

soziolektal

Adjektiv zu *Soziolekt*. Dabei handelt es sich um eine für eine soziale (nicht geographisch definierte) Gruppe spezifische Sprechweise. *Vgl. auch* → *dialektal*

Tesnière	bekannter Vertreter der sog. Dependenzgrammatik, auf deutsch: Abhängigkeitsgrammatik. Dieses Grammatikmodell betont, im Gegensatz zu einer sog. „Subjekt-Prädikat-Grammatik", die besonderen Beziehungen aller Satzteile zum zentralen Verb. Vom Verb hängt alles ab...
Topologische Felder	Geographen ist der Begriff *Topologie* bekannt. In der Literatur befasst sich die Toplogie im weitesten Sinn mit Beziehungen von Literatur mit ihren Inhalten und geographischen Räumen. Die ***Topik*** befasst sich mit speziellen sprachlichen Gemein-**Plätzen;** darunter versteht man feste, klischeehafte Ausdrucksschemata; mit den zahlreichen Begriffen müssen sich vor allem Rhetoriker (oder als deren Opfer: frühere Gymnasiasten) herumplagen.
Transformatien	Ort generativer Transformationen... wohl eine Nachbargegend von Transsylvanien, für viele jedenfalls ähnlich geheimnisvoll und unbekannt.
Syntaktische Klippen	Allbekannte Ausdrücke wie „Schacklin, tu mal die Oma winken!" oder „Wem sein Mantel gehört denn der?" (von „Olaf") bedürfen keiner weiteren Erläuterung als Existenzbeweis syntaktischer Klippen.
Unikale Morpheme	auch ***gebundene Morpheme:*** Bedeutungseinheiten, die in nur einer Verbindung vorkommen und nicht alleine stehen können, z. B. pönen in ***verpönen, Schorn-*** in ***Schornstein, Brom-*** in ***Brombeere.***
Untiefen von Metaphorien	Man findet hier die abgegriffensten Metaphern, Tiefsinn ist hier nicht gefragt.
Veith, Werner H.	Linguist und Dialektologe, Autor des Kleinen Deutschen Sprachatlas (KDSA). Verbindungen mit dem Begriff *Veitstanz* sind reine Spekulation.
Vulgarien	Ortsangabe, lexikalisch abgeleitet von *vulgär.* Zusammenfassende Bezeichnung für die Inselgruppe der *kleinen Zoten, großen Zoten,* die Insel *Effingen* und *Kakophonien.Vgl.* → *Zotische Inselgruppe.*

Wandruszka	**Mario Wandruszka:** Romanist, Sprachwissenschaftler. Viele Sprachwanderungen finden auf dem Wandruszka-Pfad statt.
Weinreiche Hügel	**Uriel Weinreich** ist der Verfasser des Standardwerks **Languages in Contact**. Auch an dieser Stelle sei betont, dass es dabei nicht um Zungenküsse geht, wie durch eine fatale französische Übersetzung „Langues en contact" suggeriert wurde, sondern um den Kontakt von Sprachen. Dass beim Kontakt von Sprachen einiges durcheinander gerät, ist erst recht in weinreichen Gegenden und entsprechendem Trinkverhalten unvermeidlich.
Wenker	Georg Wenker war der Begründer des DSA (Deutscher Sprachatlas), in welchem Ende des 19. Jh. die Aussprache ausgewählter Sätze (sog. „Wenker-Sätze") in ca. 40.000 (!) Orten des Deutschen Reichs von Schullehrern (leider phonetisch nicht ganz zuverlässig) festgehalten wurde. Ob er am Anfang wirklich wusste, auf welches Mammutprojekt er sich da eingelassen hatte...
Wörtersee	nun ja...
Wortfeld	Wörter wie *Vater, Mutter, Tochter, Sohn, Schwester, Bruder usw.* gehören dem Wortfeld **Familie** an. Die Bezeichnungen eines Wortfeldes stehen also in einem inhaltlichen Zusammenhang zueinander, im Unterschied zu einer Wortfamilie, welche aus den formalen Variationen eines Wortstamms besteht *(Sprache, sprechen, Sprecher, sprachlich usw.)*.
Zotische Iseln	Inselgruppe im Lauten Ozean, weitgehend identisch mit → *Vulgarien*, allerdings ohne die Insel *Kakophonien*. Letztere gilt zwar als vulgär, aber nicht speziell zotenlastig. Die Unterscheidung von Vulgarien und den zotischen Inseln führt allerdings immer wieder zu Verwirrung.

Zum Autor

Norbert Thinnes, Bingen.
norbert.thinnes@t-online.de
geboren 1950
Studium in Mainz: Germanistik, Französisch, Soziologie, (Kunstgeschichte)
Promotion in Linguistik
Lehrer am Stefan George-Gymnasium Bingen, Ausbildungsleiter für ReferendarInnen, 20 Jahre Mitglied im Lehrerkabarett der Schule
Langjährige Teilabordnung an das (damalige) Pädagogische Zentrum RLP in Bad Kreuznach als Referent für Deutsch; Mitarbeit oder Leitung bei Deutsch-Lehrplänen und Fachdidaktischen Kommissionen, auch bei Umsetzung der Bildungsstandards.
Zahlreiche Fortbildungsangebote und Unterrichtsmaterialien am PZ sowie eigene Veröffentlichungen zu sprachlichen Themen.
1999 Mitbegründer des Ateliers am Scharlachberg, Ausstellungen in der Region, Zeichenkurse (siehe https://zeichnungen-thinnes.de)